教師教育五十年

「ひよことたまご」の教育実践

横須賀 薫

春風社

教師教育五十年——「ひよことたまご」の教育実践　目次

序章

教師教育の基本と実践性

その五十年は

大学に入学した当初は将来文学部に進み、漠然と文筆に関わる仕事に就きたいと考えていたが、入学式の矢内原忠雄総長の式辞で、この大学に教育学部というものがあること、そこへはみんなが進みたがらないのだということを聞いて、にわかに進路を教育学部に変更してしまった（拙著『教育実践の昭和』二〇一六 春風社所収「わたしはなぜ教育の道を志したか」参照）。一九五六年の春だったから、それから六十余年が経ったことになる。

卒業したら中学校の教師になるつもりだったが、採用されなかったのでそのまま大学院に進み、修士課程に二年間、博士課程に五年間在籍した。必要な単位は修得したが、博士論文を提出していなかったので修了とならず、退学の扱いになった。途中退学ではないことを示したくて満期退学と称したが、いささか見栄を張っている感をまぬかれない。しかし、その頃は在籍中に博士号を得るのは文科系では例外だったから、それは私だけのことではなかった。ただ、今に至るも博士の称号を獲得できていないのは私の怠慢である。

大学院時代は、ずっと大田尭先生に付いて日本の民間教育史の研究を続けていた。当時、この研究分野は始まったばかりで、研究自体が運動的でアカデミズム嫌いの私の体質とも合ったが、教育とか学校のことが研究材料になっているのに、子どもや教師と直接関われないでいることが気がかりだった。

大学院を満期退学になった時点で運よく研究室の助手ポストが空いてその席に就くことができた

が、まもなく院生時代に応募していた宮城教育大学（以下、宮教大）の専任教員の職への採用が決まった。研究室に残るように引き留めてくれる声もあったが、私は宮教大の方を選ぶことにした。家庭的な事情もからんでいたが、私には教育の実践に関わりたいという思いの方が強かったのだった。

東大を離れたのは一九六八年三月で、医学部での闘争（紛争）が激しくなり始めた時だった。それは間もなく全学の闘争（紛争）に拡大し、さらに全国化することになる。そして学生の闘争から研究者を巻き込んだ闘争へと発展する。

あのまま東大にいたら私はどうなっていただろうか――その後しばしば自問することになったが、その都度、これでよかったのだというのが結論だった。しかし、遠く離れたとはいえ、東大闘争（紛争）の展開は、その後の私の生き方や実践にさまざまに影響することになった。

それはさて置き、宮教大の教育学担当の講師職に就いたのが一九六八（昭和四三）年四月、大学の職に就けたのだという安堵感もあったが、いよいよ教員養成の現場に入ったのだ、という喜びと昂揚感の方が大きかった。

宮教大で助教授、教授、学長として三十八年間勤務し、教員養成と現職教育に従事し、また学校現場に入って授業改善の活動を続けてきた。そしてこれらの領域の在り方について社会的に発言もしてきた。

二〇〇六（平成一八）年七月、学長の任期満了で宮教大を離れ、縁があって翌年から私立の十文字学園女子大学（埼玉県新座市）の小学校教員養成を特任教授の立場で手助けする仕事を引き受けた。その後いろんな事情があって学長職を六年務め、二〇一七（平成二九）年三月任期満了で退職した。私立大学の教員養成に関わったことは、思いがけず私の教員養成の幅を広げてくれることになったが、そのことは後で書くことにする。

この間数えれば四十九年、教員養成と現職教育に関わる仕事に就いていたことになる。前史を加えれば間違いなく五十年を超えている。

学部の学生が教員になる資格を得るための教育、つまり教員養成と、すでに教員の職に就いたものの現職教育とを合わせる呼び名を「教師教育」とすれば、教師教育五十年ということになる。

教員免許と教育実践との関係

言うまでもないことであるが、教員養成は幼稚園、小学校、中学校、高等学校、特別支援学校などの学校現場に新人教員を供給することが任務であり、それこそがレゾンデートル（存在価値）である。その任務を果たすことを通して教育実践の世界と繋がっている。教育実践に働きかけ、教育実践の動向から影響を受ける。このことは当たり前のことであり、誰だってそれを否定することはできない。

しかし、それは当たり前すぎて、忘れられがちになる視点でもある。ややもすれば教員養成の教育が大学教育の一部を構成していることから、あたかもそれ独自の世界を構成し、独自に動いているように思いこむ教員養成論が少なくないように思われる。それらの論ではとうていコロナ禍後の教育論においては生き残っていけないはずである。

私の関心は教員養成と現職教育とを統一した課題としてとらえ、論じることであり、この間、一貫してそうして来たと考えている。

この課題を考えるためには、先に挙げた学校種をみんな同じに扱ってよいのか、という問題が浮上する。幼稚園教諭の仕事と高等学校教員の仕事を同一視することは誰もしない。それなのに教育職員免許法では一からげで規定しているので、あたかも同一であるかのように考えられてしまう。教員免許の課題においては、どのレベルの学校種の教員の活動を想定して論じるのか明確にしてから論ずべきである。

私は、①幼稚園、②小学校・中学校、③高等学校の三つのレベルに、④特別支援教育を加味して論ずべきだと考えることにしている。

そうなると幼や高に免許制度を設定すべきかどうかから考えないといけなくなるが、現段階ではそれはひとまず置いて、私は教員免許制度考察の前提として小・中の教育を中心に考えることにしている。

この課題の本格的な検討には、学校教育法第一条の改正を含む教育職員免許法の抜本改正を軸とする教員免許制度の再構築が必要になるだろう。

児童期の発達段階と教員免許

六歳から始まり十五歳までの期間、現行制度ではそこが義務教育期間となっていて、日本では小学校六年間、中学校三年間を充てる制度を敷いている。その適否については今は論じない。

この期間の教育においては、①基礎的知識・技能の習得、②思考力・表現力の養成、③生活規律の習得と道徳観念の培養が図られることになっていて、その内容とレベルは学習指導要領において規定されている。

教職課程における内容と展開はこれまで各大学、各担当教員に委ねられてきたが、現在では一定程度の共通性が必要であるとして教職課程コアカリキュラムの制定が進められている。しかし、それは道まだ半ばであり、今後の課題である。

現段階で必要なことは教職課程と現場における教育実践との連携が進められることである。

このことに関してこの二十年程度の間に起こった事態は戦後教員養成における画期的変革である。それは教職課程の担当者として小、中の学校現場経験者の採用が進んだことである。非常勤の場合も多いが常勤担当者も非常に多くなっている。この情勢を推進する上で力があったのが教職大学院の設置であることは誰しもが認めるところだろう。

これによって教職課程と学校現場との連携の第一段階は設定された。

しかし、現状は大学側には面倒な教職課程、しかも最近はいろいろと注文がつく厄介な教職課程を〝任せて安心〟な状態にしておきたいという都合があり、一方、学校現場から大学に配置された教員が大学の中で、〝借りてきた猫〟状態を抜け出られないでいることがみえる。欲を言えば限りがないが、早く任せて安心と〝借りてきた猫〟状態からの脱却が望まれる。

「実際」と「実践」の相違

大事なことは、教職課程担当者が教育現場に展開する「実際」と「実践」との質の違いを認識することだと私は考えている。それは扱う範囲の違いではなく、仕事の深さの違いである。深さは視覚化されず、その限度に限りがない。実践というものが厄介なのはそこに根拠がある。

これまですぐれた教育実践家はその極限のところを表現し、伝えようとして四苦八苦してきた。教員養成では、つまり教職課程の展開ではそんな厄介なことにかかずらわっていられないとばかりに「実際」のレベルに安住してきたのだった。

もう一つ大事なこと、特にコロナ後の世界において大事なことは、経済的に恵まれない子どもたちへの配慮を欠いてはならないということである。オンライン教育の普及、デジタル化の進行は必ずそこから落ちこぼれる子どもたちをつくる。教育実践とは本当はそこを救うためにあるのだが、実情はそれが忘れられてしまう。それについては学校給食の展開が教訓になるはずだ。引用しておく。

「給食はたしかに発展した。給食史がいよいよクライマックスに向かいつつあるようにも見える。しかし、給食史開闢以来、微動だにしない役割がある。貧困家庭の子どもたちの救済にほかならない。「すずらん給食」の投げかけた問題や風間トオルの少年時代の苦悩は、まだ終わっていない。それどころか、「欠食児童」はまだずっと残り続けている。「構造改革」以降、子どもの貧困は深刻化の一途をたどっており、給食にその原点を思い出させつつある。[※1]」（藤原辰史『給食の歴史』岩波新書、二〇一八年、二四三～四頁）

「給食」を「授業」と読み替えておきたいと思う。これからの章では、前に挙げた二つの課題、「実際」を超える「実践」の課題と「授業」の原点との深い関わり、それと教職課程の構成との関係を論じてみたい。

Ⅰ部　宮城教育大学の教員養成改革

第一章

教員免許について

私が取得した教員免許

教員養成という仕事は幅の広いものであるが、その核になっているのは、教員免許の授与／取得であろう。これには異論もあるだろうが、私がそう考える理由は追々説明できると思う。

私は自分が教員免許を取得することは当然のことと思っていたし、中学校の教員になる気もかなりはっきりともっていた。免許取得の説明会にも出席し、教養学部時代に先取りで開講された勝田守一教授の教育原理も、教育学部に進学すればそれに合致する科目が何種類かあってわざわざ履修しなくとも大丈夫なことがわかっていたが、大教室できちんと聴講した。

免許状は、今でも大事に保管してある。取り出してみると、東大教育学部の卒業時に東京都教育委員会から交付され、中学校教諭一級普通免許状と高等学校教諭二級普通免許状で、教科 社会となっている。

本当は、私は国語科の免許がほしかった。小、中、高と国語科はずっと得意で、成績も良かった。しかし、そのためには文学部の国語国文学科の授業を一定数履修しなければならない。社会科なら教育学部の科目がほとんど読み替えられて楽なので、次に好きな社会科にしたというわけである。後に教員養成の在り方を論ずる立場になって、免許が楽に取得できる制度になっていることを批判することになったが、このようにその頃の私の意識はできるだけ負担を軽くしたいというものだったことを正直に告白しておかなければならない。

免許状の裏面に授与条件の欄があり、大学で履修した科目と単位数が記されている。掲載した別表の左側の区分、科目名、単位数欄がそれである。

この科目や単位がどのような授業科目によって充たされたのか、というのが表の右側の該当科目の欄になる。これは別に保存してある当時の成績表と照らし合わせながら、記憶をよみがえらせて私自身が作成したものである。正確を期すためには、当時の履修の手引きを参照して、免許取得にはどういう科目の履修を必要とするかの指示と合わせてみなければならないが、それは今簡単にはできないので、私の記憶に頼ることにした。ほぼ正確だという自信がある。

特徴的なことは、免許に必要として履修した独自科目が少なく、教育学部卒業に必要な科目が、併せて教職課程に必要な単位として認定されていることである。

教員免許の取得の必要性からわざわざ文学部の授業を履修した科目は、地誌学と文化人類学の二科目だけである。倫理学に認定されている「近代から現代へ」も、文学部の授業だったが、当時人気の城塚登の授業で、興味があって聴講している。

表　教員免許の授与条件

区分	科目名	単位数	該当科目
一般教育科目 48	人文科学に関する科目	24	
	自然科学に関する科目	12	
	社会科学に関する科目（日本国憲法2単位を含む）	12	
教育に関する専門科目 50	日本史及び外国史	12	日本教育史 4　西洋教育史 4 × 2
	地理学（地誌学を含む）	6	地誌学 2　文化人類学 4
	政治学	4	教育行政学概論 4
	社会学	16	教育社会学概論　近代家族論　学校教育比較研究　教育財政学　各 4
	哲学	8	教育学演習 4　教育哲学演習 4
	倫理学	4	近代から現代へ 4
教職に関する専門科目 15	教育原理	4	教育原理 4
	教育心理学	4	教育心理学 4
	青年心理学		
	教育実習	3	
	社会科教育法	4	社会科教育法 4
体育		4	体育 2　体育実技 2
その他		34	
合計		151	

実際のところ、地誌学、文化人類学はほとんど授業に出ていなかった。文化人類学などは授業そのものも休講が多く、最後の試験を受けに行ったら担当教員が来なくて、レポート提出に切り替わって楽々優で合格できている。今になって思えば調査出張で多忙だったに違いない教授にとっては、教職科目用の授業は迷惑だったのだろう。それは教育学部で教職科目として出講されている社会科教育法も同じで、通年の開講であるにもかかわらず、実際に授業が開かれたのは数回くらいで、期末の試験も便法で済まされた。もっともこの教授については、どんな授業もろくに開かれなかったという噂を聞いたものである。

学芸重視の建前と現実

私が取得した教員免許は、昭和二四年に制定された教育職員免許法に基づいたもので、この制度の骨格は現在にも引き継がれている。

戦前にも教員免許は制度化されていたが、卒業した学校に応じて免許が決まっていて、師範学校には小学校の免許が、高等師範学校には中学校・女学校の免許が卒業と同時に授与された。その他の学校や小学校しか卒業していない者には検定試験の道が用意されていた。そして大学卒業の場合は、無試験検定という呼び名の、事実上申請すれば授与される仕組みになっていた。これが戦前の教員免許の授与／取得の基本だった。そして新免許法が施行され、学校卒業と免許状取得が切り離される仕組みになり、免許はそのための学修によって取得されることになる。

ここから、①教員養成は大学で行うという免許状主義、②条件を満たせばどのような大学でも教職課程が設置できるという開放制、③教員養成は学問・芸術の教授を中心に行うという学芸重視、が成立する。これが戦後教員養成の三大原則として、今にも伝えられているものである。

これは旧制度からすればたいへんな進歩であることは、誰もが認めるところで、もちろん、私もそう考える。しかし、大学において本当に教職課程が重視され、尊重されているのか、学問・芸術は教員を養成することに本気になるものなのか、建前と現実に乖離はないのか、後に私はそれを告発し、そしてアカデミーで孤立することになる。

教育実習の大切さ

東大の教職課程では、専門科目の履修でほとんどの必要科目が済んでしまったことを記したが、実は教育実習だけはきちんと実施されている。このことは特筆すべきことであり、また教訓的なことでもあると思っている。

私は教育実習を、事前指導は二回、東大附属中学（現在、中等教育学校）に出向いて受講し、四年生の夏休み明けの九月に二週間、川崎市立渡田中学校で受けた。

この学校は、京浜工業地帯の真ん中にあり、その一帯はその後に大気汚染で有名になる地域だったが、その頃はまだそんなに問題になっていなかった。学校も大規模校で、活気があった。実習生は東大から数人参加していた憶えがあるが、思い出すのは同じ学部で親しかったF君と横浜の高校の同級生で文学部に在学していたN君が一緒だったことである。私を含めていずれも横浜市内からの通学生だった。

教育実習の二週間は有意義で、かつ楽しかった。教職員や生徒から大歓迎されたのはなぜだったのだろう、ひょっとすると実習生が来たのが初めてのことだったのかもしれない。

私にとって特に有意義だったのは、授業で生徒たちが集中し、かつ楽しく実施できたことで、その体験で、自分の授業実施についての適性を発見した気がした。一方、友人のFやNは特定の生徒複数から親しく接してもらっていて、いろんな相談を受けたりしていたが、私の場合にはそういうことはまったくなかった。それでも授業になるとみんなが集中して参加してくれるのだった。この違いは面白いものだと思った。教員たちも大歓迎してくれて、まだ宿直制があった頃で、毎日夕方になると宿直室で教頭先生を先頭に大飲み会になった。まだまだ学校には戦後民主主義の明るい雰囲気が充満していた。

大学からは期間中に一度だけ教育学部の教授の訪問があり、短い時間面談したことを覚えている。現在、教育実習については教員養成において重視し、充実させる必要があると考えられている。私も機会があればそのことを主張し、訴えている。しかし、必ずしもそうはなっていない。特に大規模大学では、〝母校実習〟という名目で事実上放任されている傾向が続いている。

学部段階の教員養成がどうあるべきか、いろんな議論がある。実際、養成といっても幼稚園教諭と小学校教諭とでは違うし、中、高校にはその独自性がある。しかし、いずれにしても教育実習は大切な機会であり、大学が責任をもって企画し、実施すべきものだと思う。それができない、あるいはやる気のない大学や学部は教員養成から撤退すべきだと、私が主張し続けている理由は、一つにはこの自身の実習体験から来ているような気がしている。

第二章

開放制と閉鎖制の二項対立

今に続くその枠組み

七月（二〇一七年）の初旬に、日本教師教育学会などが主催した公開シンポジウム「どうなる日本の教員養成　教職課程コア・カリキュラムをめぐって」が開催され、シンポジストの一人として招かれた。学会関係の集会に出るのは気が進まなかったが、文科省の教職課程コア・カリキュラム（以下、コアカリ）検討委員会の座長を務めた責任感から出席し、発言もした。

私が印象付けられたのは、シンポジストの発言や質疑の中で「（教員養成の）開放制」という言葉が飛び交い、あたかもそれがコアカリ批判の決め手でもあるかのように発せられることだった。シンポジストの一人からは、「コアカリは教員養成の開放制を阻害するものである」という強い口調での発言があり、あまつさえ参加者に向かって拍手による同調を求め、それに対してかなり大きな拍手が起きたのには驚き、呆れてしまった。

私はコアカリについては、長年の懸案ではあったにしても、現時点では一つの試行であり、内容や表現もこれから整備されるべきものと考えているので、批判や注文があること自体は当然のことと思っていた。だから驚き、呆れたのはそのことではなく、「開放制」が今でも政策批判の〝決め台詞〟のように使われていることだった。昔とあんまり変わらないんだなあと、まわりには聞こえない程度につぶやいたのだった。

戦後教員養成史研究に詳しい船寄俊雄氏は、開放制対閉鎖制という枠組みは一九五〇年代半ばから六〇年代前半に、教員養成政策の可否をめぐる論争に起源があり、教員養成政策の動向を大学レベルの師範学校化ととらえた研究者たちが、戦前の教員養成を否定した戦後教員養成の二大原則である、開放制と大学における教員養成を守るべき理念として高く評価するという研究の潮流において生き続けてきた、と言う[※1]。

とすれば、私が生きた教師教育の時代は「開放制と閉鎖制の二項対立の時代」だった、ということになる。

さらに言えばこの枠組みの主な発生源は、東大教育学部だったのだから、私はその動向に対して足元から異議申し立てをしたことになる。その後、学会の場などで「閉鎖制論者」と決めつけられ、孤立を味わわされることになったのは、今から思えば無理からぬことだったのだろう。すでにそれから四十年余が過ぎた。途中、二〇〇一年に出された在り方懇報告書が「閉鎖制」に代わって「目的養成」という言葉を使ったところから「閉鎖制」とはいわれなくなったが、政策批判用語としての「開放制」はなお根強く生きているのである。

久しぶりに顔を出した学会関係の集会で、昔の苦い思いがよみがえったのだった。

「提言を斬る」

私の異議申し立て論文は「教員養成教育の教育課程について——「提言」を斬る——」と題して、日本教育学会の『教育学研究』第四十巻第二号（昭和四八年六月）に掲載された。この論文は、その後、拙著『教師養成教育の探究』（評論社、後に春風社刊）、また、前掲の『論集　現代日本の教育史二　教員養成・教師論』にも採録されている。

この論文は学会誌に掲載されたものだが、投稿論文ではなく編集部から依頼されて書いたもので、副題だけ自分で付けたのだった。これを書いたのは宮教大の専任教員になって六年目で、まさにその体験が書かせたものだったが、そのことは、次の章でくわしく書くことにしている。ここでは、どうしてこんな刺激的な副題を付けたのか、そのことはこれまでどこにも書いていなかったのでここで触れておきたい。

この論文は、海後宗臣編『教員養成』（戦後日本の教育改革第八巻、一九七一年）の最終章である「総括と提言」の「提言」に対する批判として書かれたものだった。

この「戦後日本の教育改革」シリーズは、第一回配本の第九巻「大学教育」のあとがきに「本書が刊行されるまでには、戦後教育改革の共同研究を進めてきた東京大学教育学部の多くの教官の協力をえている。またこの研究は一九五八年から六一年までにおこなわれた東京大学とスタンフォード大学との共同研究として出発した。」と記されているように、外部資金を得て学部挙げて取り組まれたもので、教育学部生みの親とされ、長く学部長を務めた海後宗臣教授が中心になっていたものである。

この期間は私が教育学部に進学し、大学院に在籍していた間に相当していた。こうした共同研究が行われていることは院生の間でも知られていて、口の悪い私などは「占領政策を占領した国の資金で検証してどうなるのだ」などと陰口を叩いていたものである。シリーズ本にまとめる段階になって大学院生も加わるようになったが、私にお呼びはかからなかった。

さらに言えば、世は〝造反〟の時代だった。前回に書いたように私はその渦巻きを横目に見ながら、東大を離れ、宮教大に赴任したのだったが、「提言」という文字を見たとき、それだけで私の根にある造反有理気質が刺激された。もう一つ、これは大学アカデミズムには知られていないことだったが、戦前、綴り方教育に熱心に取り組んだ教師たちの間ではよく知られていた「提言」→「提言を斬る」の先例があり、私にはすぐにそれが思い浮かんだのだった。それを論文の副題に使わせてもらうことにしたわけである。

鈴木三重吉が主催した『赤い鳥』誌はよく知られているが、誌上には三重吉選の投稿綴方と北原白秋選の投稿児童詩――白秋はこれを児童自由詩と名付けていた――が売り物だった。しかし、一九三三年に白秋は三重吉と対立し、絶縁する。そして一九三六年に、それまで生活綴り方系だった『綴方倶楽部』誌の選者に迎えられると、白秋は「児童自由詩の正統に立ち、茲に私は提言する」と書き始める「提言」を引っ提げて登場する。それに対して生活綴り方派の若い教師たちが一斉に反発し、その中の一人寒川道夫は『綴方生活』誌に「提言を斬る――新興児童詩前進のために――」を書いたのだった。

白秋と寒川の両論は私にとっては処女出版に当たる『児童観の展開』（近代日本教育論集五、国土社、後に久山社〈日本子どもの歴史叢書〉三として復刊）に収録してあるので関心のある方は参照してほしい。

私はこの論争に仮託して、教育学界の大御所の「提言」を、若い教員養成の現場教師が迎え撃つという気概を滲ませて付けた副題だったのである。

しかし、当時この論文の評判は最悪だった。学会とか教育大学協会などの研究集会の場では、閉鎖制論者として批判の対象になり、師範学校復活論者として罵倒されたこともある。何よりもまともな論議の対象にはしてもらえなかった。こういう扱いを受けてもくじけなかった、というほど強い信念の持ち主ではなかったが、考えが間違っているとはまったく思わなかったので、その後も機会があれば、教員養成はそれにふさわしい独自の教育領域を確立しなければならないという論を訴え続けることになった。

二項対立の不幸

戦後教育改革において教員養成の体制は、師範学校と検定試験を軸にした体制から大学における教員免許の授与／取得を基軸にしたものに変わる。これは当事者にとっては大変革であるとともに、未来に明るい展望をもたらしたものである。それだけに、一九五八年の中教審答申「教員養成制度の改善方策について」を機に強まる戦後教員養成改革の見直し政策を迎え撃つシンボルとして、開放制を守れという旗が掲げられたのはうなずけるところである。

しかし、それを二項対立として定立し、その一方を「閉鎖制」と特定したことは、政治スローガンとしての有効性はともかく、その後のこの領域の研究と実践を固定化させ、停滞させる因になった、と私は考えている。

「閉鎖制」とは語感からして暗く、消極的である。それは『大辞林』の「閉鎖的」の項が「外からの者を受け入れず、その介入を拒否するさま。↕開放的。「—な社会」「—な市場の開放を要求する」」と解説するのを俟つまでもない。

前記五八年中教審答申など、この時期の政策提案を見返してみても、教員養成の場を大学からはずすという方針は見当たらない。基本的方針は、大学に教員養成を独自に目的とする領域をつくり、それによって教員免許の濫発を抑え、教員の資質を確保したいという提案とみてよいだろう。これは戦後改革期の初期の議論、例えば教育刷新委員会などで真剣に論じられた点でもあって、その復活とみることはできるが、戦前期への逆戻りを志向するものではない。遅ればせながら、教育刷新委員会などの議論を読み返してみたとき、その対立は学問派と教育派との対立とみるべきであり、私などには後者の側に、特にその立役者になった城戸幡太郎（一八九三〜一九八五）の立論に納得いくものがあった。

しかし、一方を「閉鎖制」としてしまっては、それは絶対善と絶対悪の対抗になり、議論の余地を奪ってしまう。しかも、その用語には論理性より、感情的なものを喚起する力がある。冷静な議論と判断を遮断してしまう。今思えば、私の問題提起は間違いでもなければ、誤解から出たものでもない。議論の余地があり、実践的には取り入れ可能なものであったはずである。しかし、そうはならなかった。拒絶や悪罵とまで行かない場合でも、黙殺で済まされてしまった。

転機になったのが「在り方懇」報告書だった。二〇〇一年一一月のことで、私の論文から二十八年が経っていた。その前年に私は宮教大で学長の職に就いていて、ようやく全国的な議論の場に登場できるところに来た。

見逃されたもの

二項対立において見逃されてしまったものはいくつかあるが、もっとも重大なのは教員免許の授与／取得の過程の統御の課題であった。実は教育制度における「開放制」が内在させておかなければならないのがまさにこの課題であったはずだが、二項対立の勢いに押され、まともな議論が展開されないまま、長い年月が経過してしまった。

現在の教員免許法の基礎となった、戦後最初の教育職員免許法の生みの親とされる玖村敏雄（一八九六〜一九六八）は、新免許法の制定と施行に心血を注いだ人であるが、新法施行直後に『教育職員免許法同法施行法解説（法律篇）』（一九四九年）において、新免許法の意義を説くと同時に、その欠陥についても警告していたことはきわめて重要である。

玖村は新制度においては、「免許制度はまったく単純化せられ、開放的になったとい〻得る」としたうえで、以下のように述べる。ここが肝心である。

「このような制度については一つの欠陥があることは見のがせない。すなわちすべての大学の卒業者に一定単位の履修を主なる条件として免許状を授与するときは学校差が無視される。旧制度下においてはこの学校差が現実に存在することにもとづいての規定があったのであるが、それを制定する尺度が合理的に基準化されなかったので、色々と批判を受けたわけである。そこで新しい制度の行き方には二つの道があり得るのである。」として、「一は国家試験制、二は無選択授与制である。」と述べる。

すでにこの時期から、国家試験制が検討対象となっていたことは注意すべきであろうが、今はそれには触れないでおく。

玖村は続けて、前者国家試験制については種々の事情から直ちに実施するのは困難なので「やむなく後者によることになったのが本法である。」と言う。そして「そのために十分の資質と能力のある教職員を得たいという目的からいえば多少の欠陥があるとせねばならない。」と認める。

しかし、これは資格であって、実際には選考権をもつ任命権者や雇用者がその気になれば、同一資格の者の中からより優秀な者を採用できるから心配はないとする。しかし、やはり気になったのだろう、こう付け加える。

「若し余りにも実力のない者に易々と免許状を出すような大学があるとすれば、そういう大学の卒業者は次第に一般社会、殊に教育社会からの信用と尊敬を失って終に自ら立つ能わざるに至るであろう。民主社会においてはこのような淘汰が行われるところに、かえって学校の自主的良心的経営が促進される。」と結ぶ（一八〜九頁）。

つまり玖村は大学関係者の自浄努力に期待をかけたのである。

新しい社会と民主主義とに期待する、そのこと自体には敬服するが、この時の大学はまだその数は少なかった。四大で約百八十校、短大で百五十校程度、現在の四分の一である。もう今となっては、自浄努力に期待することはとうてい無理である。どこかの時点で公的な規制が必要だったのではないか。それを阻止してきた一因に「開放制」の声高な主張があったとすれば、われわれはリアルな現実認識と冷静な議論とを取り戻して本気に改革に取り組まなければならないだろう。

＊追記　この論稿を書くに当たって「閉鎖制」という概念の成立を追ってみたが、一義的にこれと決められるものは把握できなかった。今後の検討に期待して一つの仮説を提出しておこう。

五八年中教審答申に先立つ五七年六月の文相諮問の一の（二）は「教員免許制度と大学制度との調整をどうしたらよいか。また現行教員免許法の開放主義のたてまえを再検討する必要はないか。」となっている。

当時まで「開放的（免許制度）」とか「開放制（教員養成制度）」などは普通に使われているが「開放主義」というのはかなり強い言葉で、それの再検討が議されるのは戦後教員養成を評価する側を強く刺激したと思われ、その対概念に「閉鎖主義」が生まれたとみられる。

『教育学誌』三号（五九年八月刊）は、中教審答申の検討を特集しているが、海後宗臣「教員養成制度改善方策の問題」において、「優秀な教員が国民教育の職務につくことは重要であるが、それを開放主義の廃止によってなしうるか否か。さらに根本的には一般の大学で養成された教員は望ましくないのか。開放主義の原則が弱くなると、結局十年前に批判された旧制師範学校的なものに帰ることになるのではないか。教員の質の低下はこれ以外にもっと大きな原因があるのではないか。こうしたことが検討されなければならないと思う。」と書き、それに引き続くシンポジウムでは司会を務めている。そして三人からの提案を受けた討論において「川本さんから、ご自分の経験にもとづいて教員養成制度の問題の歴史的な流れをおのべいただきました。今日の一番大きな問題は開放主義と閉鎖主義というところにあると思います。しばらくこの点について討論をすすめたいと思います。」と論点整理をしている。このあたりを「閉鎖制」命名の原点としてよいのではないか。

注

1　船寄俊雄編『論集 現代日本の教育史二　教員養成・教師論』解説　二〇一四年

第二章

運命としての宮教大

「分離」

宮教大は、その誕生のいきさつにおいて教員養成を主体的に担うべき運命にあった、と私は思っている。

宮教大は一九六五（昭和四〇）年四月一日に国立学校設置法改正によって新しく設置された。しかし、全くの新設ではなく、東北大学の教員養成課程が分離されて独立の大学となったものである。この経緯は、今では文科省の事務官でも知らない人の方が多くなっているほど、すでに忘れられつつあるが、当時の東北大学内では「分離問題」と呼ばれ、社会的にも「東北大学紛争（闘争）」として大問題になった出来事だった。

各県にあった師範学校、女子師範学校、青年師範学校は、戦後の教育改革によって学芸大学として独立するか、各県に新設された国立大学の学芸学部又は教育学部に再編成された。しかし、唯一、宮城師範学校（既に女子師範は統合されていた）、宮城青年師範学校は、東北帝国大学が再編された新制東北大学に併合された。こうなった理由については、進駐軍の意向などいくつか言われているが、決定的なことは今もって判然としない。しかし、当時の教員養成をめぐる改革論議の主流だった、教員養成は総合大学において行うのがベストであるという論に影響された措置であった可能性は大きい。とは言え、東北大学に新しい教員養成にふさわしい準備や見通しがあったわけではない。

私は時たま思うのだが、こうなったのは戦後の教員養成改革の動向をながめていた神様が、そんなに学問・芸術による養成に期待をかけるのなら一つくらい実際にやってみたらどうなのだといたずらを仕掛けたのではないかと。誰が、どんな機関や組織が推進したかもわからないまま進んだこの事態は、そうとでも思わないと胸に落ちないのだ。

東北大学には教育学部が新設されたが、そこは教育科学を研究する場とされ、師範学校を主体とする教員養成課程は大学の分校として扱われ、分離の直前になって教育学部の分校となったように「ママ子扱い」に終始した。しかも同じような併合校である旧二高や旧女子専門学校の下風に置かれ続けたのであった。

最終的に一九六四（昭和三九）年一二月一五日に、教員養成課程は「東北大学の本来の目的とは性格が違う」という理由で、東北大学評議会はその廃止を文部省（当時）に答申したのだった。

「独立」

そして翌年四月一日には宮教大が新設される。今からみてさえ寒気がするほどのあわただしさである。

「分離」だったので、教員養成課程の教員は他大学に移った少数を除いて、ほとんどが宮教大に学年進行に従って順次異動した。「独立」、つまり新設だったので在学生は東北大に残り、宮教大は新入生を募集する形になった。入学試験は、各大学の入試がすでに終了した四月二日に実施されたので、当時の国立大入試が一期・二期制だったことをもじって、教師も学生も自分たちの大学を「三期校」と呼び、学生たちはどこの大学にも合格しなかったが故にここに入らざるを得なかったことから「落武者」と自称した。

私は、一九六八（昭和四三）年四月に、この大学に専任講師として採用されたが、それは学年進行の完成年度の年に当たり、最初の学生たちも四年次になり、新キャンパス（現行）が完成し、移転が始まった時だった。私が着任したのは四月八日だったが、全学が引っ越しの真っ最中で、その点では現職も新任もなかった。

四月一一日には臨時教授会、一八日には定例教授会が開催され出席した。議事内容など覚えているわけはないが、この会議のどちらかで新キャンパスの植樹計画が議され、植物学の教授（と知ったのは後のことだが）が、地図を貼って事細かに説明したのはよく覚えている。東大では教授会は秘密のヴェールに包まれた権威の象徴だったから、同じ教授会と呼ばれる場で、ここに欅をこっちに樫の木をと議されるのをみるのは新鮮な驚きだった。

教授会には九十人前後の教員が出席していたが、そこには師範学校由来の教員、東北大教員養成課程からの教員、宮教大になって採用された教員の三種が混在していて、その比率は正確にはわからないが、だいたい三分の一ずつだったのではないか。

私は十年間の待機の期間を経て、ようやく正規の職に就けた安堵感と待望の教育現場に入れたという期待感とで張り切っていた。しかし、「分離」を経験した教員の間には敗北感と裏切られた悔しさが強くあり、われわれは「敗残兵」だという言葉まで聞かされるほどだった。さらに次第にわかってきたことは、途中から「分離・独立」に賛成して、新設大学で枢要なポストを占めることの方に傾いた教授層があり、それが新設大学の教授会に深刻な対立をつくっていることだった。

「運命としての教員養成」を担うという自覚が生まれるのはさらに先のことになる。

「総合大学での教員養成」の欺瞞性

大塚徳郎（一九一四〜二〇〇二）は、師範学校からずっと在任した教授の一人で、専門は日本史、東北の古代史や郷土史で研究業績をもち、地域の教育界に多くの教え子を輩出していた。

後に東北大学時代を回顧してこう話している。

「当時の教育学部長は、私たちを前にして、教員養成を総合大学で行うのがもっともよいので大学全体の智能を以って、立派な教員養成が出来るように頑張っていくと言われ、私も初めはそういうものかと思った。しかし、実際はどうであったかというと、今迄の師範学校の先生は大体に於いて教育教養部という教養課程の授業のみ担当して、いわゆる教育学部になると、学生は他の学部の講義を、文学部だ、法学部・経済学部・理学部などと聞き歩いて、単位を揃えて行く、当時この姿を『つまみ喰い』と表現した人もあった。教職関係の単位は教育学部の先生方の講義を聞くという形になってい た。（中略）その中（ママ）に、最初は教育学部の学生の受講を受け入れていた他の学部の教室も、次第に教育学部の学生をよそ者として扱い、受講を拒否する教室も出て来た。これはあたりまえのことで、大学全体の智能を以って教員養成に当るというのは理想論で、誰が他の学部の学生まで面倒をみるような大学の先生がいるわけがないのである。」（大塚徳郎『我が道Ⅱ』一九八九年、一〇頁）

大塚は公の場では慎重な物言いに徹する人だったが、外様の私に対しては東北大学時代の教員養成について、東北大学全体の無理解や教育科学を自称した教育学部のエゴイズムを、そして分離に当たっての冷たい仕打ちを激しい口調で聞かせてくれるのだった。

大塚が言う「つまみ喰い」の実態は、当の東北大学が事実として認めているところで、『東北大学五十年史 下巻』(一九六〇年)は、「その基本方針は、師範合併のときにすでに評議会の承認を得ていることであったが、その具体化となると色々な障壁に行き当たった。」(一三三三頁)と書いている。教員養成課程の出身で、後に高等学校の教職や大学で理科教育法を担当したN氏から、私が直に聞いたところでも「つまみ喰い」の実態はまさにその通りで、「質の高い講義に接することができた喜びの反面、屈辱的な差別を受けたことが忘れられない」という述懐だった。

師範学校批判の欺瞞性と教育学

高橋金三郎(一九一五~九一)は、同様に師範学校から在職して、宮教大に移った教員の一人だった。化学が専門だったが、教員養成課程では理科教育の担当になっており、民間教育運動では全国的によく知られている人だった。教育や研究に対して、また教育運動について、独特の主張をもっており、その表明は時には人の意表を突き、激しい反発を呼び、一方熱烈な支持者を得ていた。最初、私はその後の方の一人だった。

「教育大学は旧師範学校の復活であるという意見に私は反対である。旧師範学校は旧帝国大学にくらべてそんなに悪い学校ではない。日本帝国のエリートを養成しなかっただけでもましではないか。」(「教師の教師たちの学校――大学の典型としての教員養成大学」『教育』一九六六年八月、後に高橋金三郎「教育・自然科学教育論集(三)」一九八〇に所収)

私はこの主張に強い衝撃を受けた。東大教育学部やそろそろ関わり始めていた民間教育運動の中では絶対に聞くことのできない主張だった。そしてそれはまさに真実を突いているものだと思い、私自身の「学芸による教員養成」への疑いを深めるきっかけになった。

しかし、その頃の私は、高橋の現実をみる厳しい目や憤りの根底に教育学と教育学者に対する不信感と嫌悪感とがあることをまだ十分に認識できていなかった。しかも、それは東北大学において教育学部教員の教員養成課程への蔑視のさまざまを経験させられたこと、分離問題において分離に反対するどころかむしろ率先して分離推進に走ったことへの絶望があったことを本当には理解していなかったのである。

一九六五年八月二五日に開催された日本教育学会第四回大会のシンポジウム「教員養成と教育学研究」で、高橋はシンポジストの一人として提案し、質疑応答で発言している。この時期は、前記したように、「分離問題」を経て宮教大が発足してまだ間もない時で、高橋は最初の年度に異動していたので宮教大教授の肩書で参加している。

このシンポでの高橋の提案「自然科学の立場から見た教育学――民間教育運動の経験から」は配られたレジュメが前引『教育・自然科学教育論集』三に所収されている。そしてこの書の巻末に解説に当たる文を私が書いており、その中にこのシンポを会場で聴いた立場でコメントしている。その中にこういう一節がある。

「わたくし(横須賀)のメモによれば、高橋は東北大の教員養成課程の分離の過程が示すものは『教員養成の問題にのぞんで、教育学がその歴史のなかで危機にさらされた、ということ』であり、『教育を守ることが教育学を守ることだと考えないものは教育学者ではないということ』だとコメントを述べている。この問題提起の核心は、レジュメにみられるように、教育学はまずなによりも教授学を基礎にしなければならないということであった。これは提案であるにちがいなかったが、同時に、教育学及び教育学者に対する痛烈な批判であった。」

高橋は翌年執筆した論稿（前引「教師の教師たちの学校――大学の典型としての教員養成大学」）において、「教育学会のシンポジウムに出たことがある。技術と科学の関係に対比させて、『教育学も教授学を基礎にせねばならぬ』と何度もいったのだが、分かってもらえず『教授学だけが大切ではない、教育学には他にも大切なものがある』と言われてうんざりした。それこそ教授学が教育学の基礎になっていない証拠である。」と書いている。

教員養成課程の分離の過程において、高橋は反対の立場を唱え続けたが、一方、宮教大に移るに当たっては挫折感よりは、新しい大学での自身の研究の持続と発展の方により関心があるという前向きの立場だった。それはそれまでに宮城県や全国の学校現場とつながって築いてきた理科教育とそこから展開される教科教育論の実績に裏付けられた自負に支えられたものだった。

運命に向かって

宮教大はその設立の経緯において、「大学における教員養成」の在り方を問い続け、自身の立ち位置を探らなければならない運命を担うことになったのである。しかし、その当初は「分離」の過程で負った傷が深く、その解消が優先事項となり、大学として課題に迫るような動きをとることはなかった。むしろ、現実は「分離」を内部的に主導した教員層、それは年長の教授層と一致していたわけだが、その人たちが主導して、学生を管理して思想的問題が生じないようにすることに専一する方向に進んだのだった。

私が宮教大の専任のポストに就けたのは公募の結果だったが、実際は新しい大学で教員養成の実質をつくりたいと考えていた高橋が新しい人材を求めていたことに応ずるかたちのものだった。その流れでは、すでに体育科教育のポストに東大教育学部出身者で、研究室の先輩になる中森孜郎が採用されていて、私にとっては生活面でも、学内の身の処し方をどうするかについても心強い同僚だった。

東大闘争（紛争）はあっという間に全国化したが、身近ではまず東北大の全学に拡がり、やがて地理的に隣接する宮教大へも飛び火してくる。

第四章

小学校教員養成の「発見」

学長林竹二の登場

宮教大の学長は、創設後しばらくは東北大学長の併任で、六六年から東北大教授から起用された宗教学者が就いていたが、学内に紛争らしい状況が芽生えるとすぐ辞意を表明し、六九年に新学長を選出することになる。その結果、初代学長ではないが自分たちの手で選んだ実質的な初代学長として林竹二（一九〇六〜八五）が登場する。

宮教大にとって林学長が果たした役割は、創設の祖と呼んでおかしくないが、日本の教員養成史上においても画期をつくる役割を果たしたと言ってもよいと思う。さらに私個人にとっては、自分の成長の上でかけがえのない期間を共に過ごすことになり、一生の方向や生き方を決める上で大きな影響を受けることになった。一九七八年二月に、国土新書の一冊として林竹二『教えるということ』が刊行されている。この本は私が編集し、巻末に「林竹二について」を書いている。[※1]今読み直すと「軽み」を意識し過ぎたきらいがあるが、当時の私の林竹二に対する認識と感情が率直に書かれている。

林は学長として学内の学生、教員、職員の誰に対しても、権威ぶることなく、自然体で接し、その一方で我が儘や筋違いにはきびしく対処した。この姿勢や振る舞い方は、その後の私の範となったが、それを支える基本には物事の本質を問い、深く考え抜く努力があることも勉強になった。

学生の声に応えて

学生たちは闘争（紛争）の中で、さまざまな批判や要求を述べた。それは今では考えられないほど活発だった。中には「帝国大学解体」などと言うものまであって教員たちを苦笑させたが、心を動かされたのは〈先生たちは教員養成は大事だと言って（東北大からの）分離に反対したのに宮教大になって本気で教員養成をやっているのか〉という批判と〈私たち、小学校教員養成課程の学生には学内に居場所がない、私たちは大学で放置されている〉という訴えだった。

発足当初の入学定員は二五五人、内訳は小学校教員養成課程（小専）百六十人、中学校教員養成課程（各教科別）八十人、盲学校教員養成課程十五人で、小専が六三％と過半を占めていたのに学生たちからこういう訴えが出るのが現実だった。それは宮教大だけではなく、私自身は後に知ることになったが、すべての教員養成学部に共通する問題だった。

小専に入学した学生たちは、三年次からはピークと呼ばれる専攻に所属することになっていたが、一、二年次は形式的なクラスがあるだけで学生が「放っておかれている」と感じるのは無理ないことだった。さらに三年次にピークに分属しても、すでに中学校専攻の学生たちが二年間先行して居場所を確保しているので、後から入る小専の学生たちにとっては居心地の悪い思いをすることになる。

これは私の知らなかった教員養成の現実だったし、教員養成の弱点を浮き彫りにするものだと感じたが、古くから教員養成課程に在職していた教職員にとっては当たり前の事象だった。その意味では、学生の訴えを素直に受け止め、重要な課題としたことは、いわば教員養成における小学校教員養成の「発見」ということになる。

林学長は、一九七〇年六月の教育大学学長会議を病気で欠席するに当たって、「小学校教員養成のための教育における二、三の問題点と改善の方向について」[※1]（学長私見）[※2]を提出している。その論旨がまさにこの「発見」に即して展開されているもので、これがその後に続く学内改革の起点となったのだった。

私は、林から提案文書の下書きを依頼されたとき、その会議の重要性も知らず、ことの重大性もあまり認識せず、後で林が手を入れるのだろうくらいに思い、手早く書き上げた。後で公表された文書を見て、前書きや後書きは林の手で書かれたことはわかったが、提案部分は私の下書きのままなのには正直驚いた。第二章で取り上げた私の学会誌の論文「「提言」を斬る」は、まさにこの林文書にある提案部分をふくらませて書いたものである。

一般教育ゼミの開始

一般教育にゼミの形態が採られるようになったのは、封鎖対策の副産物だった。

創立当初の建物配置は、講義棟と研究棟が完全に分離されていて、講義はほとんど講義棟の教室のみで開かれていた。学生集団はそこをねらって（六九年の）夏休み明けの授業開始の朝に講義棟を全面封鎖した。これで授業はすべて休講になった。対策会議でどう対処するか議論していて、他大学のように機動隊導入で解決するわけには行かない（そんなことをしたら我々の方が林学長から団交を迫られることになるというのが教員たちの共通認識だったから）、でも授業再開もしないととんでもないことになる、このジレンマをどうするか。議論は堂々巡りしていたところへ、教員の一番若手で、林学長に対策委員に抜擢されていた私が「教室が使えないなら研究室で（授業を）やればいい」と言い、そんなに人数は入れないという反論に「ゼミでやればいい」と言ったのがみんなの虚を衝いたことになり、あっという間にその方針が決定され、すぐ一般教育科目から実施されることになった。当然、林学長は大乗り気だった。

急ごしらえにかかわらず、一般教育ゼミは教育課程上の正式科目となり、半期二単位で、この年度の後期分として三十三コマが開設された。専任教員の三分の一が出講したことになり、私も「子どもの研究」というテーマで人文系の単位として開設している。

当時の広報四号（一九六九年一〇月二五日）には、私が執筆した「新設の一般教育ゼミナールについて」が載っているが、そこには「一般教育ゼミは、異常事態に対して臨時的に設けたものではなく、本年度第二学期の正規の授業として行うものである。」とわざわざ断っている。さらに「とかく教官との直接的な接触の機会の少なくなりがちな、一、二年次学生諸君は、特に、どれかのゼミに参加されるよう、希望する。」と書いて、当時の小専学生への教員側の意識をにじませている。

ここが起点になって一般教育ゼミは紛争対策を超えて宮教大の通常の教育形態に定着し、確か現在でも続いているはずである。

この改革に一番熱心だったのは、当然のこと林学長だった。

学内施設再配置と「小専合研」

研究室でゼミを開いたことは学生たちにたいへん評判がよく、教員と学生の壁を取り払う契機になった。そしてそれが前記した講義棟と研究棟の分離状態を克服する「学内再配置」施策に及び、小専学生への教育体制を充実させることを目的にした「小専合研」へと展開することになる。

一九七一（昭和四六）年に入ると学内施設を再検討する委員会が設置される。分離から創設までの過程があわただしかった上に、新キャンパスの決定が遅れ、施設設備の計画が十分な検討を経ないままに進んだことで、開学時の施設設備は学生を置き去りにしたものになっていた。そのため、再検討する委員会の課題はたくさんあったが、九月に教授会に報告された検討結果の中で「主要な問題点として、教官の研究施設に比して学生、とりわけ小学校課程一、二年次学生の自主的勉学のための施設がまったく考えられていないことがあげられる」という点が注目される。

翌年、この方針の具体化として小専一、二年次学生のための「合研」を設置する方針が示され、具体的に「現講義棟」に十室設けることになった。

ここで言う「合研」とは教員と学生が一つの研究室に同居するものを指し、特に小専学生のためのものは「小専合研」と呼ばれるようになり、ここで展開される教育活動と学生の自主活動とが宮教大の教員養成改革を牽引することになる。

「小専合研」は物理的、空間的には講義棟の教室を改築して設けられることになり、四七年度に新規に設置された言語障害児教員養成課程のための施設と併せて、概算要求されることになった。それがすぐ翌年の四月には新発足できるようになったのは、当時の文部省の特別のはからいがあってのことで、それは学長、事務局長の努力のおかげだったが、文部行政担当者が小学校教員養成の空隙を埋めるという主張に対して本気の理解を示したことの結果だったことは記しておかなければならない。

私は宮教大に採用されたとき、教育学・教育心理学関係の教員の属する教職科に配属され、人文棟に個人研究室を配当されていたが、小専合研設置に合わせ、「第十合研」が新しい居室となった。

その後、一九七八（昭和五三）年三月に合研担当を他の教員に譲り個人研究室に戻ることにしたが、この五年間に合研を基盤に学生たちを巻き込んで取り組んださまざまな活動は、後続の章でも述べることになるが、私にとって生涯忘れられない体験になった。

なぜ「小学校」が欠落するのか

教員養成において、なぜ小学校教員養成が「欠落」するのか、この問題は現在でもなお重要な課題である。

なぜ、そういうことになるのか。それを提唱して批判や反撃を受けながら考え続けてきたが、それは教員養成の体制が、中学校、高等学校の教員免許課程を優先して作られていたため、基本的に教科を基軸に組まれることになったことに因があると考えるようになっている。それは一見すると教科やその背景となる学問芸術を重視することに通じるようであるが、それはあくまでも建前であって、実際は第一章で詳述したように、読み替え方式によって専門科目を教職免許の必要科目にあてはめる体制になっていたのである。だから結果として教科に関わる専門家は、教職課程を担当したとしても、自分の専門研究を再検討したり、それを崩してまで教員の養成に参画する必要性を感ずることはなかったのである。

戦後の新教員養成体制になって七十年になるが、この間教科専門が教員養成に果たした役割はどれほどのものだったのだろうか、教員免許に必要な教科科目の講義、演習、実験などが誠実に実施されてきたことは疑わないが、教員の資質能力の担保、向上に向けての新工夫、教員養成の質的変革を引き起こすような実践の成果は得られたのだろうか、これは疑わしい。

思い出すのは「在り方懇」が開催されている頃、文部省の担当者だったI氏から教科専門の立ち遅れを指摘され、そんなはずはない宮教大では十分な成果が上がっていると大見得を切り、それならその成果を届けてくださいと言われ、約束して帰ったがついにそれを果たすことができなかった苦い思い出がある。他大学であっても同じだったろう。

あれから二十年になる、どれほどの変革が進んだのだろうか。※3

注

1 「小学校教員養成のための教育における二、三の問題点と改善の方向について」（学長私見）

（昭和四五年六月九日）林　竹二

義務教育学校の教員養成にたいして責任をもつ大学（学部）において、その根幹をなす小学校教員養成課程が、陽のあたらない部分を形つくっているのが多くの教育系大学・学部の現実であろう。このような事態が解消しない間、教育大学、学部は、そのもっとも重大な責任を空しくしているといわざるをえない。

（中略）

直接に大学の責任範囲内にある問題について考えてみると、小学校の教員の養成を目指している教育を沈滞させている諸原因中、もっとも根本的なものとして、小学校教員養成のための教育課程が中核、あるいは諸教科を統合する軸となるものを欠いていることをあげることが出来るだろう。それが教育と学問の分離、そして後者の優位という一般の傾向に結びついて専門の内容をただ教えておくという傾向となり、中、高教員養成のための教科の程度を低めたものを与えればよいというやり方にもなる。これは、小学校教員の任務に関する社会の無知を大学が裏がきすることで、学生の志気を殺ぐうえに大きい働きをしている。この沈滞からの脱脚のためには、何はおいても小学校教員養成のための教育の中核、諸科統合の軸となるものをつくりあげることが必要である。それは、（一）教育実践との結合、（二）教育実践を対象とする科学的研究（例えば教授学の如きもの）の教授によって可能になろう。

以上の目標を実現する方法としての次のようなことが考えられる。

A.（一）大学全体のあり方として、現場との結合
（二）教職教養科目への現場人の参加（教授者としても、助言者としても）
（三）教育実習と教職教養の結合（もっとも単に教育実習の期間を延長するだけでは無意味、Bとの結合こそが不可欠の前提となる）

B. 教職教養科目のうちで特に教科研究の内容をどうつくるかが焦点となる。現在のところ、各教科研究が個々バラバラにおこなわれていて、その中にも個別的にはすぐれた教授内容をもつものもあるが、全体として学生の中に統一したイメージをつくりあげることが出来ないでいる。この事態を克服するためには、教育実践を対象とする科学的研究（教授学、あるいは授業研究）の確立が急務である。このために教科教育の研究者と教職教育（教育学、心理学）の研究者と、それに現場実践家の緊密な協力が実現されなければならない。（以下略）

2 林学長が「学長私見」として会議に提出した文書の主要部分を摘記しておく。この文書は『宮城教育大学十年史資料集』（下）や林竹二『学ぶということ』（国土新書）に収録されている。

3 この問題の解明には教員養成学部の専任教員の配置を再検討しなければならない。この課題については、次章で取り上げることになる。

第五章

統合の軸としての「教授学」

「教授学」は提唱された学であり、教職課程の統合の軸としての「教授学」も提唱された理論である。

前者の提唱から五十五年、後者の提唱からは四十五年が経ったがなお提唱の段階に留まり、冷たくみれば忘れられかけている。提唱に勘違いや無理があったのか、なお現実の壁が厚いのか、その一角に居た私は、今でも教員養成にとってこの課題は重要であり、なお追及すべき課題であると考えている。なぜなら、それは学校教師の「資格」と「資質」の間のずれや矛盾を解消し、教師への社会的信頼を確立する上で避けて通れない課題だと考えるからである。

「資格」と「資質」の矛盾

どんな職業であっても「資格」と「資質」の間のずれは避けられないし、特に入職して間もない場合は当然のことになる。それは学校教師の場合にも当然当てはまるが、社会との関わりは子どもをはさんでの関係になるだけにプレッシャーはさらに強くなる。できるだけ「資格」取得段階で十分な「資質」が担保されていることが要請される。

この問題を本気で考えさせられるようになったのには、今から思えば私には以下のように、主に三つの要因があった。

学生たちの不安

教員養成大学の教師となり、学生と接するのは当然として、二、三年経ってゼミ生が卒業して小学校教員となると、学校現場を目前にする学生や現場に入ったばかりの新任教師たちの多くが、自分は学校現場で通用するのかという不安にさいなまれるのを身近に知るようになる。特に授業実施についての不安が大きく、職に就いてからも毎日の授業に納得が得られないという訴えに接することになる。これが私を動かした要因の第一点だった。

歴史的にみれば、もうこの時期には教職における資格制度は一応安定的に運用されるようになっていたが、教師自身の身になれば、教員資格を得ても本当に自分はそれだけの力量を身に付けているのだろうかと不安にさいなまれる。良心的であればあるほどそういうことになる。

学生や新任教師たちのこうした不安に接していると、養成して送り出す側の私の方も不安になる。それを理論的に整理すると「資格」と「資質」の矛盾となるのだと考察した。さらに、自分自身の授業やゼミでの指導の自省とともに教員養成の教育課程そのものへ疑問が生じるようになった。

戦後、教員養成が大学における課業となったことで、それは単位制度の下に置かれることになった。一つひとつの科目が、それが講義でも演習でも実習でも単位にカウントされて成立する。教育実習でさえそうなのである。そして合計百何十単位かを履修したことをもって卒業「資格」と「免許」資格を獲得する。そしてその間に教師としての力量がどんなふうに身に付いたかを検証されることもないまま学校現場に入ることになる。

私には「大学における教員養成」「学芸の成果による養成」という大命題の実態の面が気になって仕方がなかった。どうしたらよいか、と。

医師養成から学ぶ

教員養成の問題を考える上で他の資格制度やその養成課程について学ぶことの大切さを教えてくれたのは学長の林竹二だった。これが要因の第二点になる。

宮教大改革の初期の段階で、林の提唱で東北大の医学部関係者との勉強会がもたれることになった。集まってくれたのは、今となっては記録もないし記憶も薄れているが、東北大学医学部長や医学部長経験者など錚々たる顔ぶれだった。法学部長（か経験者）なども加わっていたはずなのは、林の人脈で声がかけられたからだった。林は東北大で長く評議員などを務め、きびしい議論を展開する割に人懐こい人柄から人脈は豊かだった。

宮教大側は林が声をかけた範囲の数人だったが、公式なものではなくボランタリーなものだった。若手だったが私はその集まりに加えられた。

話題は主に医師養成の制度、養成課程の実際、特に臨床実習の実際、国家試験とその準備教育のことなどが話題になった。私はそれまでにもそのような問題に興味はもっていたが、あくまで書物の上のことで実際に関係者から聴くのは初めてのことで、よい勉強になった。

会合は三回くらい開かれたと記憶するが、自然に消滅したのは林が多忙になったからだったはずである。

後のことになるが、私は教員養成とのアナロジーでなら医師養成より看護婦（現、看護師）養成の過程から学ぶものが多いのではないかと考え、ナイチンゲールの書いた本を読んだりしたが、それはこの懇談会の刺激からだった。また、それからしばらく後のことだが、看護学の川島みどり氏と知り合い、誌上対談したこともある。※1

学校現場との連携

三点目は初等・中等教育の現場で展開される教育研究から刺激を受けたことである。これが、この課題におけるメインになる。

学校現場に根を置く教育研究活動は日本では戦前から活発で、戦中は国家権力によって逼塞させられたものが敗戦を機に一挙に隆盛を取り戻す。

最初は米国流自由教育の影響下にあったが、まもなく結成された日本教職員組合（以下、日教組）の組織する研究活動が主導的になる。年に一度開催される全国集会は教研集会と呼ばれ、教科別・問題別分科会によって構成されたが、そこで発表し、交流するという目的の下に学校、地区、県単位と積み上げられる研究活動は昭和二〇年代半ばから五〇年代まで学校現場に強い影響力をもっていた。

併せて組合活動とは別のものではあったが、その影響下にさまざまな研究団体が生まれ、研究活動が活発に展開されるようになる。代表的なものに生活綴り方運動を推進した日本作文の会、算数・数学教育の改革を推進した数学教育協議会（数教協）、生活指導領域の実践を主導した全国生活指導研究協議会（全生研）などがあり、それらは民間教育研究団体と総称され、その動向は民間教育（研究）運動と呼ばれた。

教育学研究の分野では戦前に出発があった教育科学研究（協議）会（教科研）の再建が早く、前記教研活動と連動して実践的な研究活動を推進した。

こうした動きは、大学における教育研究にも影響したが、特に東大教育学部はその性格が強く、所属教授には日教組教研の講師団の有力メンバーがおり、またそれらは教科研の有力な担い手でもあった。私が属していた大田研究室もその流れの一つであり、有力な一つだった。私もそうした動向を当然のものとして受け止め、自分の研究の出発はその流れの中でつくったのだった。

しかし、宮教大に赴任してみると必ずしも大学としての流れはそういうものではなく、今述べたような全国的動向と関わっているのは高橋金三郎が唯一の存在で、そこに中森孜郎が新たに加わったという程度だった。

このような状況は宮教大だけではなく、これは推測になるが、全国の教員養成大学がほぼ同じようなものだったとみられる。これはイデオロギーの問題ではなく、その頃までの教員養成学部の教育研究水準のレベルの問題だったと考えてよいだろう。

高橋は自らが創設した理科教育の研究団体である極地方式研究会を主宰するとともに宮城県の教員組合の研究活動と連携していて、その研究活動である実践検討会の活動に加わっていた。これは学校現場における授業そのものを研究対象としていて、当時の教研活動ではユニークなものとされていた。宮教大二年の教員生活だけで東大教育学部に去った稲垣忠彦（一九三二〜二〇一一）も在任中はこの活動に加わっていて、私にも赴任したらその活動に加わることを慫慂したのだった。

しかし、宮教大全体としては、東大教育学部時代と比べると学校現場との関係ははるかに薄かったが、その点は当時の教員養成大学・学部の全国状況とたいして変わっていなかったのである。普通ならこれは逆でなければならないもので、東大教育学部がアカデミズムに凝り固まっていて、教員養成を担当する宮教大が学校現場と連携し、交流していておかしくないはずである。そうなっていないところに戦後新設された教員養成大学・学部の立ち遅れが表れていたように思う。

しかし、幸いなことに私が赴任した宮教大は、大学紛争という動乱期に当たって林竹二という改革派学長が就任するという幸運に恵まれ、大学の制度改革を超えて教育内容の改革に向かい、民間教育運動の動向と連携し、学校現場との関係をつなげていくことが一定程度実現することになった。

教科教育法の弱体

戦後、教員養成を大学が担当することになって、すべての教員養成大学・学部に教科教育法担当の教員が配置される。大規模学部では複数配置されたが、宮教大のように小規模な学部には教科ごとに一人だけだった。しかし、全教科に配置されたから、全学でみれば十人（国語、社会科、数学、理科、音楽、美術、保健体育、技術、家庭科、英語）が配属されているので、まとまれば一教科分の勢力になるが、独自な活動の展開はみられないのが実情だった。

教科教育法はいわば教員養成の中核を担うべき科目のはずであるが、実際にはそうはならず、それどころか人事的には専門科目に従属する体制だった。このポストに就いている教員の立場を出自の面などから分析すると、①専門科目の空きを待っている教員、②専門科目に就く力量がないのでこのポストに就いている教員、③教科教育法の独自性を発揮できる教員に分類できる。そして③はきわめて少数だった。だから各教科単位から自立して、教科教育のまとまりをつくって独自に活動するよりは専門教科のグループに所属することの方を選ぶのだった。このことは戦後教員養成の新体制の弱点だったと言ってよいだろう。

ひるがえって考えてみれば、その因は教科教育法を担当する教員を養成するルートがこの時期でも未確立で、資質をもった人材を得られなかったことがある。

養成ルートとして想定されるのはａ教員養成大学・学部、ｂ旧帝大及び旧高師系教育学部、ｃ学校現場（特に附属学校）などがある。戦後の昭和の時代にはａが占める割合が多く、特に自校出身者が占める比率が多かったはずである。

ｂは本来その役割が期待されたはずだか、むしろアカデミックな研究姿勢を強めたことによってこの流れには乗らなかった。東大教育学部の初期には教科教育を専攻する方向性があり、私にとっては先輩筋になる山住正巳（一九三二～二〇〇三）が音楽科教育を主題に教育学博士の第一号になったのはよく知られているし、中森孜郎の体育科教育専攻も同様の意識からだった。私世代まではその影響を受けていて、私も国語教育を中心に勉強していたものである。しかし、やがてその後にはアカデミックな研究志向が強まったように思われる。

ｃは最初は少なかったはずで、一旦教職についてａのルートに乗って自校の教科教育担当者に就く、というケースが増えていったとみられる。このルートは一九五八（昭和五三）年に兵庫教育大大学院が設置されて以後、東京学芸大学大学院などとともに正規のルートなる。

このようにみると昭和四〇年代には教員養成大学の教科教育法の担当教員の人材不足はやむを得なかったともみることが出来る。それは戦後教員養成の設計図の未熟さということになるだろう。

「教授学」の登場

学校において児童生徒の学習を組織する活動は普通「授業」と呼ばれ、それについての研究は「授業研究」と称され、学校における教師の研究活動にとって大切なものとされ、教育学研究の一分野ともなっている。日本では近代になってからは熱心に展開されてきた分野である。

「教授学」という名称自体は古くからあるが、実践の世界に於て具体的に提唱されたのは一九六〇年代の初めころで、前記した民間教育研究運動の中からであった。この「授業研究」と「教授学」との関係や提唱経過などは紙面の関係で触れられないので、私なりの解説を参照してほしい[※2]。

「教授学」の提唱が目立った動きになるのは、前記教科研の活動の中で、六三年八月に開催された全国大会に「教授学特別分科会」が開設され、六五年八月の大会以後「教授学部会」として常設されてからである。これを推進する中心となったのが、斎藤喜博（一九一一〜八一）で、協同したのが東大教育学部の稲垣忠彦、柴田義松らであった。

この提唱は当時急速に展開され始めた教科内容の改革動向を授業活動の側から受け止めようとしたもので、各教科の分立傾向を教育実践の立場から統合しようとするものだった。私にはそこが魅力的に思え、教科分立の傾向が顕著な教員養成の現場を統一的に把握できる理論にみえた。

私自身は大学の学部から大学院にかけて生活綴り方研究から入り、国語科の歴史研究へと進んでいた関係から、教授学提唱動向は興味以上に憧憬の念で見ていたが、最初はこの動きには直接関係しなかった。宮教大でも高橋が斎藤と親しい関係にあったが、個人的なものにとどまっていた。

宮教大と斎藤との関係がつながるのは、思いがけず林の意向によるものだった。林は入院中に斎藤の著作を読み、そこは林らしくすぐに斎藤に会見を申し込む。それが実現したのが、七〇年夏のことで、それ以後宮教大は教授学研究運動に巻き込まれるかたちで、その中心となる。私にとっては予想外に待望の機会が訪れたことになり、人生行路も大きく転換させられることになる。

七一年度から「教授学」「教授学演習」が教育課程上の正式科目となり、前者には斎藤と稲垣が非常勤講師で担当し、後者は学内教員六人が前期と後期に分かれて担当した。私はその中の一人だったが、全体の企画や推進の役割は私が担うことになった。七四年度に授業分析センターが設置されるとその専任教員として斎藤が招かれ、私は林の依頼でその世話係となり、いよいよその動向にのめりこむことになった。

このような動きは大学の公式の活動として進んだものだが、同時に私が中心になって教科教育法を担当するものを束ねて自主的な研究活動を推進する目的で「宮城教育大学教授学研究会」を設立して、「教授学研究年報」を刊行することにした。この年報一は七五年六月に評論社から刊行されているが、一号で終わってしまった。

このように「教授学」をめぐっては、斎藤喜博の生の授業などが学生に刺激を与えることはできたが、私が理論的に練ったような展開にはならず、林―斎藤という人間関係が断絶したことが一つの転機となって、消滅の流れになっていく。

統合の軸は夢か

同じ時期に、私は教員養成の欠陥を以下のように指摘した。※3

「教員養成教育にたずさわるものは誰でも、その実体が成り立っていないことに気づいている。しかし、どうしたらその実体をつくりだせるのか、はっきりした見通しをもつことができないのである。見通しはないままに実践にたずさわらなければならないとすれば、そこにうまれる意識はふたつのうちのどちらかである。わたくしは、〝予定調和論〟か〝なわばり無責任論〟か、と名付けている。予定調和論――とにかく教えておけば、あとは学生たちが、自分の内部において統合し、教師としての力量をもってぐれるにちがいない。

なわばり無責任論――他の分野でどうしているかは知らないが、わたしが教えられるのはこのところだけだ。後のことは知らない。」

この「予定調和」か「なわばり無責任」か、という問題の提起は、教員養成に携わる多くの人に刺激を与え、同感の思いを生んだもので、後々に教員養成の改革に取り組んだ人たちから「どれほど刺激されたかわからない」と聞かされることになった。この私の言は、自分が思った以上に「大学における教員養成」「学芸による教員養成」の美名の陰に隠されている弱点を剔抉したことになったのである。

私自身はそれと同時に、教員養成の教育に統合の軸を設けることができる仕組みとして「教授学」の役割を提起したことになり、その後に宮教大で私なりに心血を注いだ研究と実践を展開したつもりだったが、今思えば前記したように、教科教育法の自立的展開もいまだ十分でない段階での提唱であったわけで、今となっては見果てぬ夢だったかという思いもある。

しかし、それはその後の教員養成の仕組みの改革において、「教職実践演習」の設定や「教職課程コアカリキュラム」の策定、「教職大学院」の構想にもつながることになった。詳細は後述するとして、ここではそのことだけ記しておきたい。

注

1 『看護の心を育てる　川島みどり対談集』一九八四年　あゆみ出版

2 横須賀薫編『授業研究用語辞典』教育出版（一九九〇年）にある両項目

3 横須賀薫「教師の教養と教員養成」『教育』一九七三年四月、後に『教師養成教育の探究』

第六章

「表現」の欠落を埋める

幼児教育から義務教育にかけての段階では、幼児・児童・生徒の表現活動に関わる教育は量的にも質的にも重要である。

「音・美・体」というまとまり

しかし、学術活動を基盤に置くことになった戦後教員養成では、この部面はなおざりにされる。もちろんすべての教員養成大学・学部には音楽、美術、体育の専門教員が配置され、教職課程にも専門の授業が設定されたが、人的配置は他の教科に比して少数なのが普通だった。また、担当教員には、その地域の芸術・体育活動の指導的立場を務めることの方が優先される傾向があるのが全国的な流れだったこともあり、この分野の教育は概して専門技術の教授に偏り、教員養成の基盤を形成するには程遠かった。発足当初の宮教大もその点では同様だった。

教員間のつながりでは音・美・体というまとまりがつくられるのはどこの大学・学部にもみられる傾向だったが、それはいわば学内少数派が防衛的にまとまっているだけで、決してその領域のアイデンティティーを追求する意図を内包しているものではなかったとみてよいだろう。

宮教大において音・美・体のまとまりが重要な役割を担うようになるのは小学校教員養成をクローズアップしようとする流れから生まれたものだったが、同時に中森孜郎が果たした役割が大きかった。

中森は宮教大の創設時に体育科教育法担当で採用され、中学校課程の体育科教育法や小学校課程の体育教材研究法を主に担当することになるが、その枠を超え教員養成における表現活動全般へと活動を拡大する。それが可能だったのは中森が体育専門の出身ではなく、私と同じ教育学の出身で、研究室も私の先輩に当たったことが大きい。年齢は私の十歳上だったが、大学のポストに就いたのはこの宮教大が最初だった。東大教育学部の出身でありながら小学校の教員免許を得ているなど柔軟な気質に富んでいた。さらに音楽科教育法を担当する渋谷伝（一九一七〜二〇一七）が果たした役割も見逃せない。声楽家出身で東北大教員養成課程から在任していたが、宮教大になってから教育重視の姿勢を前面に出すようになり、中森の活動の随伴者の役割を果たす。

「表現の授業」という共通認識

昭和四八年度の教育課程は、紛争時に一般教育ゼミの導入から始まったカリキュラム改革の動向を総まとめするもので、その後の宮教大教育の出発点になったものである。もちろん、なお開学時の常識的で固定的な教育観を引きずっていることは否定のしようがないが、部分的に教員養成としての新しい工夫がみられる。その一つが「合同」を名乗る授業がいくつもみられることで、そこには教科の壁や教員個人まかせの授業を打破し、教員養成としての共通基盤を大事にしたいという考え方が現れていた。

その一つの例が教職に関する専門科目の中に設定された「音楽・体育教材演習 一単位」である。担当教官欄には中森教授・渋谷（伝）教授・武藤講師とあり、講義題目欄は「日本の民謡・民踊（太鼓・笛など）の実技と理論を通して、日本の民族音楽・舞踊の特質を探る。」とある。この種の内容が教員養成の正式科目に導入されたのはこれがおそらく嚆矢と言ってよいだろう。

そしてこの科目の特徴は授業が、専攻、学年を問わないすべての学生に開放され、さらに有志教員にも学生と同じ立場での参加が呼び掛けられたことだった。民族舞踊の団体はすでに秋田県のわらび座がよく知られるようになっていたが、非常勤講師の武藤桃州は仙台でほうねん座という小規模の座を設立していた。

私も面白がってこの授業にかなり熱心に加わり、学生と一緒に太鼓をたたき、民謡の合唱に加わったのだった。私自身は技能はさっぱり身に付かなかったが、からだを動かすことと学生と一体になって活動することの楽しさは東大では味わえなかったもので、こういうことが可能になる教員養成の場を教育の醍醐味として感じたのだった。かなりの程度それまで「仮住まい」気分だったこの大学に身を入れる気になったのもこの頃からだった。

それから約五年、次第に「表現」を意識する授業科目が増えていった。今となっては、その一つ一つの内容を紹介することにたいした意味はないのだが、個別の授業における新しい工夫などを通して、教員養成における「表現」という課題を共通認識にしてみようと考え、私が呼び掛けて実現したのが「『表現の授業』合同発表会」で、そのプログラムをみるとその内容がわかる。それを引いておこう。

第一回は一九七七（昭和五二）年二月の開催で、以下のようなプログラムだった。

No	授業名	発表内容
一	日本の芸能	〈民族舞踊〉八丈太鼓、春駒、そうらん節、さんさ
二	体育科教育法	〈即興舞踊〉コンドルは飛んで行く
三	音楽D	〈合唱〉荒城の月、モルダウの流れ、高くかかげよ
四	体育科教材研究法	〈マット運動〉連続技
五	教授学演習b	〈ピアノ、朗読、合唱、身体表現の構成〉利根川
六	体育	〈舞踊〉秋田おばこ、津軽じょんから、ユーリシカ、レントラー・インエフ
七	教授学演習b	〈合唱〉ほろほろと、梅の花ひらけ
八	舞踊Ⅰ	〈舞踊〉壁ぬり甚句、シシリアン・マズカル、ポーリマンカ
九	全員合唱	さくら（三年生以下）、一つのこと（四年生）

今みると授業の内容に表現観として統一されたものはみられないが、開放感と熱気だけは感じられる。いわば改革期宮教大を象徴する企画としておいてよいだろう。この発表会は同趣旨によって三回まで開かれた。

入試に「表現力総合テスト」を導入

ほとんど同時期、入学試験に「表現力総合テスト」が採用されている。

この試験は、昭和四八年度入試での試行の後、昭和四九年度から五三年度までの五年間実施された

もので、その実施についての詳細は『宮城教育大学紀要』十二巻、十四巻に掲載されている。※1

この「表現力総合テスト」は当事者にとっては思いがけず、社会的評判を呼び、関係者はマスコミの寵児となってしまい受験者増の役割を果たしたが、その一方学内的には改革意志の分解のきっかけの一つとなってしまった。その意味では私にとっても苦い経験となったものである。

「表現力総合テスト」は「『絵』と『文』による表現」と「『からだ』と『ことば』による表現」から成っていて、それで「総合」と称している。入試における位置づけは、小学校教員養成課程、幼稚園教員養成課程、特殊教育課程（当時）の三課程、計五課程の入試で、必修科目国語・数学・英語・小論文に対して一科目選択の科目として、理科・社会の中の一科目と並ぶ選択科目として導入されたものである。

実施結果では、全受験者に対して「表現力総合テスト」を選択したのは五％前後で、最後の昭和五三年度は一一％になっていた。五年間の合格者は計八十九人で、全合格者千八百五十七人の四・七九％だった。

このように全入試の中で占める比率はそれほど大きなものではなかったが、マスコミに大きな注目を浴びたことから、宮教大と言えば表現力テスト、しかも昭和四八年度の試行において大太鼓を使用したのが映像として使われ、以後繰り返し放映されたことで「太鼓叩いて入学試験」と褒められているのか、揶揄されているのかわからないかたちで流布されてしまったのである。

その一方、近隣高校関係者や予備校関係者の間での評判は最悪で、大学入試は英数国理社でやるものだ、こんな試験では入試対策が立てられない、生徒たちが勉強しなくなる、など悪評サクサクだった。

この試験を導入するきっかけは、概算要求していた幼稚園教員養成課程の設置が認められ、昭和四八年度に開設するに当たって実施した入試で、三十名の募集に入学者が十名程度にしかならず二次募集が行われたことにある。もう新年度が始まってからのことだったので、本格的な試験をすることはせず、音楽・美術・体育の適性をみる試験、小論文、面接で実施された。

音・体の試験は中森、渋谷が主導し、美はこの動向に共感する絵画専門の教員の一人が当たり、課題に沿って描画を課した。林学長はこのような進行を歓迎し、熱心に支持し、試験当日もずっと試験を見学していた。私は試験進行の実務を担当する役目だったので、ずっと立ち会い、学生の反応などを観察していた。

今でも忘れられないのが、学生たちがこの試験を楽しみ、熱中し、参加できたことに感激していたことである。

二百人近い受験生から二十人を選抜する入学試験であるから、受験生間に競争意識とそれに基づく緊張が支配するはずなのだが、それがほとんどみられず、終始和気藹々と進行し、試験が終わっての帰りがけには何人かが以前からの友人でもあったかのように楽しそうに会話しながら帰路につくのだった。この成功体験(?)が、私たちの入試改革熱に火をつけた。特に受験準備教育に絡め取られている大学入試を、入試廃止を含む大改革の軌道に乗せたいと大志を抱いていた当時の私には絶好の機会がめぐってきたと思った。世はまさに共通一次学力試験導入の前夜、入試改革論ブームの時期だったのである。※2

私は新聞、雑誌、テレビからのインタビューを受け、原稿を書いて、大学入試の弊害を説き、共通一次は基礎的知識の確認に止め、二次はそれと違った角度からの、しかもそれぞれの大学の個性に沿った試験を開発、工夫をすべきだ、そしてその先に大学入試そのものを廃止することが出来ると論じた。

表現力テストはこの論理において宮教大にふさわしい試験だと信じていたのである。

この試験方式への批判は高校、予備校側から向けられたことは前記したが、実は学内からも強い批判を浴びせられることになった。それは入試における公平性、公正性を問うかたちで発せられたもので、教授会で延々と繰り広げられた。その考え方の基本には入試における採点基準は万人に共通の尺度でなければならない、そうでなければ試験の公平、公正が保たれないというのだった。私は、どんな場合でも入試問題は作成者の主観の産物だと考えていたので、こういう考えには同調できなかったが、教授会の場では多勢に無勢だった。私はほとんど反論することを止め、無言で通すことにした。

それ以上に痛手だったのは表現力テストを共に推進したと思っていた者の間からの批判だった。それは「からだ」の方ばかりがもてはやされるのは不当だという批判、というより、私には嫉妬心に発する逆切れとしか思えなかったが、実際は身近なところからの反発の方が痛いものである。

これらの批判は表向きはともかく、底意は私個人に対する攻撃だったのである。本来ならとりなしてくれるはずの林学長は一九七五年六月、任期満了で退職して宮教大を去り、後任は林竹二改革に反発した勢力が推す東北大の理系学者だった。私は最大の支えを失った思いだった。

と同時に大学入試というものへの関心も失った。ずっと後年、十文字学園女子大学で学長になって入試改革が議せられた時、ほとんど関心を示さないことに、周囲は不審の念をもったようだったが、私は宮教大の再来になるのがいやで取り組むことをしなかったのである。

「からだとことば」への試行

これらの動きと同時期、私は独自に教師の「話しことば」改革に取り組むことになった。この動機をこんなふうに書いていた。

「あるとき、教育実習で学生の授業をみておりましたら、その学生は授業の間中ずっと左手から教科書をはなさないのです。そして何か発問しようとするたびに、かならず教科書をのぞきこみます。しかも、発問などで子どもにむかって顔をあげ、話しかけるときはかならずその教科書で口のところをおおうのです。つまり楯にした教科書から眼だけだして子どもたちにたちむかってでもいるかの図になるのです。よっぽどその教科書をとりあげてしまおうかと思ったのですが、とたんに泣き出されでもすると、こっちにも立つ瀬がなくなりますので、それだけはやめておきましたが、ほんとにそうしてみたいくらいでした。別の機会にすでに実習をおわった学生たちに、そのことを話して、あれじゃまるで子どもがこわくてしょうがない、といってるみたいだといいましたら、学生たちは真顔になって、実は授業をしているときは子どもがこわくて仕方がなかったと告白するのです。ですから、あらわれ方が極端だっただけのことで、あの学生の図は例外ではないということなのです。

子どもがこわいというのは正確ではありません。正確にいえば、自分の声が子どものところに届くのがこわいのです。それで無意識のうちに口を本でおおっているわけです。[※3]」

これは教師の礼儀作法の問題でも、話しことばの技術的問題でもない、授業における緊張と解緊の関係の問題だと把握した。どうしたらよいか、従来の教育論では解けない問題だと思い、演劇の中にヒントがあるとまでは気付いた。そのとき読んでいた雑誌『ひと』（太郎次郎社）に掲載された座談会での竹内敏晴（一九二五〜二〇〇九）の発言を読んでこれだと思った。幸い同誌の編集者とは面識があったので、同社気付で竹内氏に、私には珍しくファンレターを送った。自分が抱えている課題を解決してくれるのはあなたの指導だと思う、実際に学生を指導してみてくれないかと。

竹内氏からは早速返事があり、私の申し出を心よく引き受けてくれた。おまけに手紙の冒頭には「宮城教育大学といえば林竹二先生が学長をされている学校ではなかったでしょうか」とあり、氏と林竹二がぶどうの会「明治の柩」の上演で、旧知の間柄であることが知らされる。こうして、翌年六月には私が主催する教授学演習の非常勤講師として来学し、三日間の集中授業、これを竹内氏は「レッスン」と呼んだので、以後私たちもそれに倣うことになった。これがこの後十年に及ぶ竹内氏と宮教大との関わりの始まりであり、私と竹内氏の濃密な交際とやがて来る断絶の始まりだった。同時にそれは竹内氏と林竹二との交流の復活であり、竹内氏は林竹二晩年の課業の随伴者となったのだった。

第一回のレッスンについて、参加した学生の一人がその内容を私が研究室の通信として刊行していた「ひよことたまご」（第十一章で詳述）に次のように書き留めている。※4

1	ナワトビ（なわなしで飛ぶ） 想像力とは何か——からだの動きそのもの	からだの歪みから声が出なくなるタイプ 歪みをなおすために
2	話しかけ（ことばでふれるということ） ことばは行動であり重さがある。 距離がなくなる話しかけ	ぶら下がりによる脱力 うしろむきからふりむいて叫ぶ（腰をわるること 身体の軸） ・語るとは　相手を変えること
3	声を直すレッスン 気おくれから退くからだをなおすために 「バカヤロウ！」↓相手にぶつける からだほぐし、中身をかえる——体操で ・上下飛び（ゆすり）	・ぶら下げ（押す人との対話） ・ねにょろ↓によろ転
4	教師は話す力をもたねばならない ・ことばあそびうた（絵本で） ・万葉のうた——音が大切（文の意味ではなく）	

受講した学生たちはレッスンに狂喜し、夢中になった。中には演劇そのものに魅力を感じ、竹内氏の劇団の活動の見学に行くものもあったが、私の知る限りでは、学生たちは演劇の世界はさすがに自分たちが育った世界とは違い過ぎると感じ、加わることはしなかった。それは私も同じで五年間の非

常勤での年間二回のレッスンを超えて、本格的に教師教育の世界に加わってもらおうと専任になってもらった。その後の五年間はどちらにとっても無意味な時間になってしまった。[※5]

私は竹内氏の授業に立ち会うことで、教員養成に演劇的手法を導入することの大事さと難しさを教えられた。これからの若い人に受け継いでもらいたい課題である。

注

1 井手則雄ほか「『絵』と『文』による表現――報告：宮城教育大学における「表現力総合テスト」の実際」（『宮城教育大学紀要』第十二巻　昭和五三年）

池田雅子ほか「『からだ』と『ことば』による表現――報告：宮城教育大学における「表現力総合テスト」の実際（続）」（『宮城教育大学紀要』第十四巻　昭和五五年）

2 共通一次は、正しくは「国公立大学入試共通一次試験」で、一九七二年九月に文部省が実施のための調査・研究費を七三年度に計上すると発表、七七年二月に大学入試センター発足、七九年一月実施という経過だった。

3 横須賀薫「授業における教師の技量」（『日本の民間教育』一九七四年、後に『教師養成教育の探究』に収録）

4 「ひよことたまご」は宮教大横須賀研究室の同人誌、この記事は同誌二号（七四、七、一五）に「アッコ」の署名で掲載されている。

5 竹内氏は専任教授となってからのことは著書などで触れていないが、没後刊行された今野哲男『評伝 竹内敏晴』（言視舎、二〇一五年）の年譜の一九七三年の項に「林竹二が学長をしていた宮城教育大学の非常勤講師（〜七八年、後に教授）その後、同大学の教え子の学生の多くが、竹内の展開した演劇活動に参加した。」とあるが、これは一九七四年の誤り。また、最後の「教え子の学生の多くが」云々は誤伝である。

第七章

小学校課程専任教員をつくる

教員養成学部の教員配置方式

すでに書いたように、私は一九六八（昭和四三）年四月に教育学担当の講師として宮教大に採用された。

今、発令時の辞令を見直してみると、宮城教育大学長名で、「教育職（一）三等級（宮城教育大学講師教育学部）に昇任させる　二等級を給する」となっている。昇任となっているのは、東大教育学部で一年間助手を務めていたからで、それ以外のことは何も記されていない。応募したときに教育学を担当するポストと言われ、着任してから学内では教職科に所属して全学の教職科目の内、教育原理など教育学関係の科目を担当すること、小学校課程の学生が三年次から所属する「教職ピーク」で演習と卒論指導を担当するのが主な任務と教えられた。

この時期は、教員養成大学・学部の教員配置や学生指導の体制において、戦後改革期の曲折が整理され、現在の体制の原型が確立する出発点が置かれた時期に当たる。山田昇の解説によれば、それは次のようになる。

「一九六三年三月には、『国立学校設置法の一部を改正する法律』により、大学には、学科または課程、講座または学科目、その他に臨床講座をおくことにした。この制度的基礎によって、学科・講座をおく大学と学科・学科目をおく大学と課程・学科目をおく大学と大まかに三種類の組織がおかれた。この中で、課程・学科目が、教員養成系の大学・学部に対してのみ与えられる制度であることが明確にされた。しかも、それは形式的な名称の違いや、学部の性格の特殊性から便宜的に分けられたということではなく、大学における『研究』と『教育』の機能の面から規定されるものであることを明確にした。[※1]」

この制度の採用については、直後から、教員養成と学問研究を切り離す措置として激しい批判と反発が出され、それはその後かなり長期に及んだ。しかし、宮教大の場合には、その分離・創設の措置そのものがこの制度の系であって、それを所与のものとして受け入れていたとみてよいだろう。

私は大学院生時代に、国民教育研究所のプロジェクトに参加して、教員養成関係の資料の編集・刊行に参画したが[※2]、そこではこの制度について批判的見解が披歴されていた。しかし、採用になった大学ではそのことについてまったく無風であり、私自身もちょっと違和感を覚えた程度で、現実の学生との接触の方にずっと関心があり、そのことに力を注いだ。

教育学部の内部組織

国立大学の教員養成大学・学部の基本組織は「課程＝学科目」として制度化され、「課程」が学生の所属組織であり、「学科目」は教員を配置するための基盤に当たるということは共通していたが、それを学部内でどう組み立て、どのように名乗るかは大学ごとに区々であった。

中学校教員養成課程内の所属は、取得予定の教員免許状に規定されるので各教科名称に準じていたし、特別教科教員養成課程はもともと対応教科が固定していた。小学校課程は、養成方式は小学校現場に対応して全教科担当を原則としていたので、内部組織を設けるのかどうか、設けるとすればいつの学年からとするかなど問題山積だった。宮教大は発足当初から「ピーク制」を採用していたが、これは東北大時代のものを引き継いだと聞いていた。各教科と教職科の下にピークと呼ぶ学生の所属組織を設け、三年次からどれかに所属する決まりになっていた。他大学との情報交換会に出席して知るようになると、このような「ピーク制」は当時では斬新な試みだったことを教えられたが、すでに書いたように現実の小学校課程の学生にはこれが不満の種になっていた。

「学科目」は教員の所属組織で、各大学（学部）にどのような学科目が置かれるか、教員定数はいくつかなどは文部省令で規定された。規模の大きい大学では一学科目に複数の教員が配置されたが、宮教大など小規模学部ではほとんどが一名配置だったので、学科目をいくつかにまとめ、それを「学科」と呼ぶことが多かった。※3

私が「学科目 教育学」で採用され、「教職科」に所属することになったのはこうした制度下でのことだった。

施設の再配置から教員の再配置へ

発足当初、宮教大には教員養成課程として小学校、中学校、盲学校の三課程が設置され、昭和四二年度に特別教科（数学）と同（理科）の教員養成課程、昭和四三年度に養護学校教員養成課程、昭和四七年度に言語障害児教育教員養成課程、昭和四八年度に幼稚園教員養成課程が整備され、設置当初から理科教育研究施設が設置されていて、これでほぼ教員養成大学としての骨格が固まる。

専任教員になってみて、私に気にかかったのはこの課程間に微妙な差別があることだった。

上から順に、「特設」と呼ばれた特別教科課程、これは高校教員養成と扱われ、次に「中専」と呼ばれた中学校課程、その内でも理、数、社会、国語、英語などが高位置で、次が「小専」と呼ばれる小学校課程で、中専のそれ以外の教科が続いた。「特殊教育」(当時の呼称)については、当時はまだ埒外だった。

こんなことは公式にはどんな規定にも書かれていないし、建前上は誰もそんな発言をしたりしなかったが、学生間の意識として歴然としてあり、教職員の多くがそれを暗黙に認めていた。卒業後の教員採用ではそれほど大きな差がなかったので、根拠と言えば入試における難易度くらいしかなかったが、学校現場における意識、それと高校での進路指導の反映として大学内にも根強くあった。

私はこの意識を克服しなくては、すぐれた教員養成は実現しないと考えていた。

すでに書いたように宮教大の教員養成改革は、小学校教員養成を特立し、充実させることから始まり、それは小専の学生の批判と要望を受けて取り組まれたものであったが、私は処遇改善というだけでなく、学内の意識改革を目指すものだと考えていた。

小専学生の自主学習の場として、「合研」が設置され、そこで展開される活動は「合研教育」と呼ばれるようになる。外部からの評価が高まり、見学者が相次ぐようになると最初は冷たかった学内の受け止めも変わり、大学改革の主流扱いがなされるようになる。最初十室だった合研も拡充されることになる。そうなると次には小専を専門に担当する教員をつくることが課題となる。

そのため一九七六(昭和五一)年五月に教育体制改革特別委員会が設置され、私も委員の一人に選ばれた。この委員会は、名称の変更をしながら最終的に七八年七月に最終答申を出している。

注目されるのは課程別に入学する学生をAコース(小、幼、特殊)とBコース(中、特設)に分け、同時に教員の方も全教員をAコースかBコースに振り分け、教育指導の責任体制を明確にしようとしたことである。併せて入学試験方式と教育課程を全面的に改定する具体案を作成した。※4

Aコース（新任）教官団の創設

教育体制改革が取り組まれるのと同時に、降って湧いたような好機会を生かして新任教員によって「Aコース教官団」を創る試みがなされ、その実現をみていることはさらに注目されるだろう。

しかし、それは一方では改革意志の分解の因ともなり、私自身には宮教大改革の記憶において一つの傷となって残っている。

一九七六（昭和五一）年六月の教授会に、昭和五二年度に小学校教員養成課程四十人を増募する概算要求をすることが提案され、決定する。これは全国立教員養成学部に示されたものに対応する決定だった。

具体的には小専の学生定員を四十名増募するなら、そのための教員を十名純増するという、定員削減ばかりの今ではとうてい考えられない措置だった。私はまだ若くて文部行政にも全国の教員養成大学の事情にも通じていなかったので、その背景や他大学での受け止め方など知る由もなかったが、絶好の機会がめぐってきたと思った。小学校教員の養成のために、従来の学科や専攻にとらわれないユニークな人材を得るよい機会だと。これは私だけの思いではもちろんなかった。

そして同年一一月の教授会には、学長からこれに関わる概算要求に当たってどのような学科目として提出するかについては、事務局に一任するという提案があり、了承される。それを受けて事務局では「教官配置計画」を文部省に提出したが、どのような要求だったかは一般の教員には知らされず、当然私も関知せず、これから実際に採用する教員を決めてそれに沿った学科目をつくればよいのだと安心していた。

翌年七月に、Aコース新任教官人事検討委員会がつくられ、一年後の教授会で表現系四名、文系二名、理系二名、教育系二名という配分案が決定した。すでにその時には具体的な候補者がほぼ決まっていたはずで、私はその選定の大部分に関わっていた。通常人事では選ぶのが難しい、民間で活躍している人、小、中学校教員で顕著な教育実践を展開している人、アカデミー関係でもこれまでの学科目では視野に入らなかったような、例えば人類学や児童文学などの研究者に白羽の矢を立てることにした。

純増による教員は、早いもので一九七八（昭和五三）年度、遅いもので一九八三（昭和五八）年度までに十名が着任している。

着任後は合研を担当し、しばらくはAコース専任教官団として教育活動を展開した。現在では、教員たちは全員が定年退職するか、途中退職している。

蹉跌

一九七五（昭和五〇）年六月一五日で林竹二は任期満了で学長職から離れ、大学から去る。替わって東北大学の理学部長経験者が選挙で選ばれ着任する。

改革を継続すべきと考える者たちは、それまで改革の中心にいた一人である高橋金三郎を候補にして学長選に対処したが、敗れた。第二次の投票結果は四十八票対五十九票で大差ではなかったが、有権者に当たって反応をみてきた過程では六十人以上が高橋に入れると言っていたことからすると裏切られた感がした。後になって、高橋については東北大教員養成課程時代からの独特の個性が敬遠されたのだとわかる。

最初、学長交代はそれほど影響なく改革を進められると想定したが、それは甘かった。小規模大学では学長のリーダシップは決定的で、新学長も決して改革に後ろ向きではなく、私などにも引き続き改革を担当してほしいという声をかけてきたが、林がもつ人間的魅力や指導力にはとうてい及ばなかった。これが蹉跌の第一であった。

第二は小専四十名増募に伴う教官十名増の選考に関わって表面化した。前に記したように、増加分にどのような学科目を当てるかを事務局に一任したが、事務局はそれを当該年度に各学科から提出されていた増員希望学科目をそのまま大学としての要求として提出していた。このためそれ以後は学科から提出される教官の純増要求は文部省に提出できなくなってしまう。理科、数学、教職など、ある程度規模が大きい学科はその事態に我慢できたとしても、家庭科のような小規模学科で十名増員の恩恵に浴さなかった学科からはものすごい反撃を受けることになり、それから十年はその対処に腐心しなければならなくなり、改革の歯車が狂うことになる。

第三の問題は、Aコース専任教官団のまとまりがつくれなかったことである。考えてみればそれはそうで、各分野でユニークな活動で業績を挙げて来た人とは、俗にいう「一匹狼」の存在で、そういう人たちを集めてまとまった活動を求めるのは所詮無理なことだった。おまけにこの人たちの中から、自分たちはなぜ小学校教員養成だけをやらなければいけないのか、という不満が出て来たことは私には衝撃だった。

第四は改革推進派の中で分解が始まったことである。私はその当事者になってしまった。

一九七七（昭和五二）年、まさに改革推進の真っ最中の四月に私はＮＨＫ・ＴＶの教養特集「新しい教師像を求めて」という一時間番組に出演する。これはまさに宮教大の教員養成改革を正面から取り上げたもので、私が説明役として出演しているので、まるで私が宮教大改革の主役であるかのように扱われている。私はこれを気にかけて、シナリオを修正してほしいと要望したが、東大教育学部の同学年で親しくしていたプロデューサーのＦは番組のインパクトはこういうふうに作るものだと言い、私の要望を聞き入れてくれず、そのまま番組は放映されることになる。

結果は、危惧したとおり、翌日から改革を共にしてきたと思っていた同僚の態度が微妙に変化する。やっぱりそうかと悔いたが、時すでに遅しであった。これまでなら仲に立って心配し、いろいろと配慮してくれた林竹二はすでに学長ではなかった。

第五は私自身がへばってしまったことである。

学内のこともあったが、それよりは学外の「教授学」運動、私が後に「授業研究を核とする学校づくり運動」と名付けた活動は斎藤喜博と林竹二の蜜月の時代もつかの間、一九七七（昭和五二）年八月の林の「留別の講演」以後、音を立てて崩れて行った。[※5]私の身辺でも、林と斎藤の間で、高橋金三郎の後は横須賀に託そうと話し合われたと聞かされていた授業分析センターの専任の席は、いつの間にか私とは無関係になってしまった。

さらに実現に全力投球した一九七九（昭和五四）年三月実施の「七系入試」は所詮「入試改革は入試準備対策に勝てないこと」を悟らされ、力尽きる。

一九八一（昭和五六）年七月二四日、斎藤喜博は七十歳で病没、やや後ろに下がって見ていたつもりの教授学研究の会の運動だったが、いつの間にか前面に押し出され、葬儀で会を代表して弔辞を読むことになってしまった。

過労からくる胃潰瘍は幸い軽症で済んだが、精神的にはもうこれまでという状況だった。しばらくさまざまな活動から退いて休むことになる。

大講座に移行して矛盾解消

Aコース専任づくりに伴う新任教官採用に当たって、概算要求に計上していたポストを当てたことで、以後新規増員ができなくなってしまった矛盾は簡単に解消できず、規模の小さい学科の憾みが事あるごとに吹き出てくるようになった。そのことは既に述べたが、これを解消するには大講座制に移行し、教員のポストを流動化させるしかない、それには修士課程をつくるしかない、ということが明らかになる。しかし、宮教大における修士課程の在り方そのものが対立的な課題として長い経過をもっていたので修士課程づくりそのものが厄介な課題になっていた。[※6]

一九八四（昭和五九）年六月に就任した新学長は、長く共に改革を手掛けてきた教授の一人であり、私の立場をずっとわかってくれて来た人だった。就任直後に学長は私を呼び、修士課程づくりの担当のポストを委嘱し、渋る私に、人間関係の調整は学長である自分に任せて修士課程づくりに全力をあげてほしい、君ならかならず成功するからと励ましてくれるのだった。私もAコース専任づくりで生じてしまった矛盾を解消する道筋をつけることは、私に改革をずっと手掛けさせてくれた宮教大への恩返しの機会だと思い定め、その仕事を引き受けることにした。

一九八八（昭和六三）年四月に修士課程が発足し、私の任務は終了した。

注

1 山田昇『戦後日本教員養成史研究』一九九三年　三九八〜九頁。なお、この引用部分で、「三種類の組織」の三番目が本文では「講座・学科目」となっていたが、これは「課程・学科目」の誤記であることを生前の山田氏に確認しているので、ここでは訂正したかたちで引用してある。

2 国民教育研究所・課題研究報告「教員養成問題」その一　一九六三年／その二　一九六四年

3 教員養成学部の学生及び教員の所属（配置）組織の歴史的変遷についてはTEES研究会編『「大学における教員養成」の歴史的研究』二〇〇一年を参照。しかし、この書でも必ずしも十分に説明できていない。

4 この委員会の取り組みと具体的な改革案は、『宮城教育大学二十年史資料集』Iの一〇〇〜三九頁に掲載されている。今となってはその詳細を振り返ることにはそれほど意味があるとは思えないが、「課程・学科目制反対」を叫ぶより、実質それを超える取り組みがあったことは記憶されておいてよいかもしれない。

5 宮教大の修士課程構想は、設置後の早い段階で打ち上げられたが、あまりに理想的で実現には遠かった。『宮城教育大学十年史資料集（下）』三五二頁以下を参照。しかし、その構想は後の「教職大学院」構想に繋がっている。

6 この間の推移や状況については、拙稿「斎藤喜博における教授学」（拙著『教育実践の昭和』春風社、二〇一六年）を読んでほしい。

第八章

「教職入門」の役割と実際

「教職入門」を担当する

宮教大で「教職入門」を担当したのは、二〇〇〇（平成一二）年度の前期で、その年度から新科目として開始されたものだった。

学生に配布された「講義概要」には趣旨と予定する内容が以下のように示してある。

> T，S課程の一年次学生に教職の意義、目的などについて、できるだけ具体例によって講義をしたい。そのために本学先輩で現場経験が豊富な教師を招き講義してもらう。君たちは幼稚園、小学校以来、長いこと「先生」を見てきて、両親の次に、場合によっては父親以上に観察してきたかもしれない。それで「先生」や「学校」のことは十分に知っているような気持でいるかもしれないが、それは間違いである。そういうものはすべて捨てて新しい気持ちでこの講義に臨んでもらいたい。学校観察の機会も設ける。

ここに「T，S課程」とあるのは、学校教育課程と特別支援教育課程を指している。当時はまだ、他に教員免許の取得を義務付けられない新課程がありL課程と称していたが、その課程に所属する学生でも教員免許を取得する希望の学生はこの授業を履修することになっていた。

この授業は木曜日の一時間目に開講し、半期で終了するもので、最初の三回は私が担当し、第一回目は序論、二回目が宮教大の歩み、三回目は教員採用状況をめぐって講義している。そして四回目から十三回目まで、三人の卒業生を招いて講義してもらった。その三人はそれぞれ当時小学校校長、特別支援学校校長、高等学校教諭を務めていた。最後の二回分は私が担当して、まとめと質問に答えている。また、講義以外に講師の一人が校長を務めている仙台市内の小学校の見学も設定した。

正確に記憶していないが履修する学生は二百人近かったので、出席を確認するため授業の終わりの十分か十五分を使って、短い文章を課して出席票とした。一回目の講義では「なぜ私は宮教大に入学したか」、三回目は「学校や教師についてどんなことを知りたいか」を書いてもらった。その中から数枚を選んで次の授業の冒頭で読み上げて紹介した。このやり方は講師を務めてくれた人たちも踏襲してくれた。

小学校見学は希望者だけにして、義務付けはしなかったにもかかわらず大半の学生が参加した。そして教室の授業だけでなく、中間休みの時間には校庭に出て見学したり、児童たちに交ざって球技に加わったりする学生もいた。私が予想していた以上に学生たちは学校見学に熱中するのだった。

「教職入門」はこれから書くように私は熱意をもって設定し、自ら担当したのだったが、この年の六月の学長選挙で学長に選出され、この年度まででこの授業担当は終わった。次の十文字学園女子大学では教員養成課程は未確立だったが、小学校教員免許取得希望者ための授業の担当者に加わった。赴任したとき、すでに授業編成が固まっていたので、「教職入門」の名称は採用されず「教育者論」になっていた。こうなったのは、たぶん教職課程が幼児教育と小学校教育の両にらみにあったせいだと思われる。

「教職入門」設定の経緯

教職課程のカリキュラムに「教職入門」が設定されたのは、教育職員養成審議会（教養審）の第一次答申（一九九七年七月）にさかのぼる。

答申の二は教職課程の教育内容の改善に当てられ、その中の（三）具体的改善方策のCにおいて「実践的指導力の基礎を強固にする」があり、そのアが「教職への志向と一体感の形成に関する科目等の新設」で、そこではこう述べている。

教職に関する理解の増進を含む適切な指導を通じ、教員を志願する者に「教師とは何か、教職とは何か」ということについて深く考察するきっかけを与えることをねらって、「教職への志向と一体感の形成に関する科目」（仮称、二単位）を新設する必要がある。

この科目は教職の意義、教員の役割・職務内容等に関する知識の教授や、自らの進路に教職を選択することの可否を適切に判断することに資する各種の機会の提供などを、主な内容とするものとする。

このような趣旨にかんがみれば、この科目について、一年次配当の授業科目としたり、教育の本質・目標等に係る他の「教職に関する科目」の授業と適切に内容を調節しつつ有機的に関連をもたせたりするなど、履修方法等に適宜工夫を凝らす必要がある。

また、この科目については、小・中学校等における教職経験が豊富で、特色ある教育活動を展開している教員による指導が効果的であると考える。

私が宮教大で設定に努力し、実際に担当した「教職入門」の具体について既に記述したところであるが、これはまさに教養審答申に沿ったものであることが理解されるだろう。そのポイントとなるのは、①教員を志願する者を対象とする、②教職の実際について解説する内容とする、③一年次に配当する、④教職経験豊富な教員による指導を取り入れる、などである。

この答申を行った教養審こそが戦後教員養成政策の本格的な転換点になったことは第二章において述べたところである。

私はこの答申の真の狙いを生かす授業科目は「教職入門」が一番ふさわしいと考えたが、教員養成の現場では必ずしもそうはならなかった。同趣旨でどんな科目になったかの統計を見たことがないので確信はないが、教職入門が大多数とは言い切れない。私からすると残念なことであるが、もしかしたら少数派なのかもしれないと案じている。

なぜ必要なのか

戦後の教員養成制度が、大学における養成と開放制を二大原則としたことについては、これまで何度か言及し、批判的考察を述べ、戦後教員養成政策の推移は、つまるところこの無原則な開放制の修正の歴史だったということにも触れてきた。しかし、今もってこの無原則な開放制は大学教育の中に残り続け、目的的な教員養成教育の確立を阻害していることは紛れもない事実である。

こうなっている原因、理由は単純ではないが、第一には大学自身が教職教育を軽視し、資格取得を満たす程度の用意をしておけばそれで十分、それを超える配慮は不必要と考え、実際にそうしてきたことに因があることは間違いない。そしてその背景には教職そのものを学術研究の下位に置くという差別意識がある。これは旧帝国大学中心だった戦前の高等教育体制が育てた意識であったが、戦後の新教育体制にも温存されることになったものである。

このような差別意識は教職に対するものだけではないが、なぜか〝師範学校悪者論〟の流布とともに教職に対する差別意識として強化され、今にも連綿として続くことになったのである。

大学にとって学術研究は重要な機能であることは言うまでもないが、戦後の高等教育において大学進学希望者が次第に増加し、現在は高等学校卒業者の半分に迫っている現実では、それ自体は空虚な観念になってしまっている。今や大学は学術研究の中心ではなく、職業教育機関となっているのである。教職課程の教育はそのなかでも重要な軸となっていると考えなければならないはずである。

しかも現代の職業のほとんど、殊に高等教育機関の卒業者をもってその大部分を充たしているものにおいては、学術研究の成果を取り入れ、生かすことは必至の事項になっている。職業教育と学術研究の連携、融合こそ現代の大学の任務のはずである。

教職課程の教育は幼児教育から後期中等教育に至るまで幅広く関与しているが、その中でも初等、中等教育の学校で扱われている教科に関する教育は極めて重要な役割を担っている。ここには学術研究が支え、時代の変化に応じた革新を推進しなければならないはずである。

学術研究と教職教育との上下関係、前者からの後者への蔑視は古い時代の意識の残存であるが、実際には現実の政治体制批判の場と混交して再生産され、強化される。

初等・中等教育において育てられる児童・生徒はゆくゆくは学術研究の担い手になり、支え手となるはずの者たちである。その教育に携わるものを育てる教職教育に学術研究が関与し、革新を推進することは、その後継者を育てるという意味においても重要となるはずである。

学術研究と教職教育の連携が進めば教育学研究の一部とみなされている教科教育についての研究やその研究者の養成が革新されるに違いない。

学生の教職への意識

「教職入門」がなぜ重要なのか、独自な授業や学校現場見学がなぜ必要なのか。それは教職教育が高等教育段階で実施されることと関係する。教職課程が大学における教育の一環となっている以上、今述べた大学における学術と教育との関係意識に左右される。

大学に入学してくる学生たちは教職に対してどのような意識をもっているか、ぜひ考えてみてほしい。

新しい学びとして胸躍らせているだろうか、まずそんなことは絶無とまではいわないが少数なのではないだろうか。なぜなら学生たちにとっては、学校や教師はそれこそ〝子どもの時から〟見慣れている存在であり、先生や学校のことならとっくに知っていると思っている。さらに高等学校時代に、大学で学びながら大学や大学教師に対して複雑な見方、怨嗟に近い心境にある教師が自虐的にもらす教師観がそれに輪をかけて意識を強化する。そこへ大学が教職教育をあまたの職業教育の一つに過ぎず、単位を充たしておきさえすれば資格が付与され、万一の時には教師に〝デモ〟なればいいという態度とスタンスで接すればどうなるか、考えるまでもないだろう。

それを払拭できるのは教職課程の授業開始の冒頭の担当教員の態度とこの授業に対する明るい展望の表明だけだろう。「教職入門」が一年次になければならないこと、担当教員は教職への明るい展望を語れる人間でなければならないとする理由がここにある。

私が長く勤務し、教職科目の授業を担当してきた宮教大は学生に教員免許の取得を義務としていた。これには学内の教員のかなり多くに批判的な意識があり、何かにつけてそれに沿った意見が吐露されていた。しかし、そういう意見は「国の方針でそうきまっている」という大学当局者の見解で封殺されて終わっていたように思う。そして平成の時代に入るとそういう意見が表明されることもほとんどなくなった。しかし、そういう意識が伏在していたことは、文部省（当時）が昭和六一年に教育学部の中に「教員以外の職業分野」への進出を想定した課程の設置を認めたとき、ほとんどの国立大学教育学部がもろ手を挙げて賛成し、新課程と称して設置したことがその証拠だと私は思っている。東北大学から教員養成課程は大学になじまないとされて強行分離されて成立した宮教大ですらそうだった。私は多数に無勢、というより一人孤立してそれを認めざるを得なかった無念を今でも忘れていない。

このように国立大の教員養成課程といえども教職へと向かう姿勢は脆弱なのである。私立、公立の大学になれば、いくつかの例外を除けば教職課程の扱いは単に資格付与の課程に過ぎない扱いとなる。それは学生の意識に反映する。国立大教員養成課程といえども、「教職入門」を置き、意識的に学生の教職へ向かう意識をつくり、高めなければならない理由がここにある。

現在、教職課程の立案に当たって参考にすべき基準として「教職課程コアカリキュラム」が作成され、その普及が進められているが、その中で「教職入門」は「教職の意義及び教員の役割・職務内容」の項目に位置づけられている。私がその参考例の作成に携わったのはこれまで述べたような考えに基づいたものだった。

『概説 教職課程コアカリキュラム』(ジダイ社、二〇一八年)の第五章に書いた次の文章をそういう目で読んでもらえれば幸いである。

「教職」の名称を大切に

既に述べたように「教職入門」は教養審の答申を切っ掛けに、教職科目に取り入れられたものであるが、名称そのものはあくまで「その内の一つ」の扱いで、それは現在にも続いている。

文科省の教職員課(当時)が編集して配布する「教職課程認定の手引き」をさかのぼって参照すると変遷はあるが、一貫して「教職入門」だけは採用されている。しかし実際の教職課程では必ずしも「教職入門」が優勢とは言えないように思うのは私の僻目だろうか。「教職」が避けられるのか、「入門」が嫌われるのか、その両方なのか。

私は教職に関する科目の筆頭には、「教職入門」をぜひ置いてほしいと考えている。その理由はこれまで述べたところであるが、さらに「教職」を力説するのは、教員を「専門職」とする教職観に立脚するからだということを補っておきたい。そして、それは教師を「聖職」とみる教師観と「労働者」とみる教師観の克服の上にあることも、さらにそれは「教職大学院」の設定意義にも通じることであることを忘れないでほしい。

第九章

教科教育学の自立と充実

軽視されてきた教科教育法

教職課程のカリキュラムには中学校・高等学校に関しては取得予定の教科に関する指導法があり、小学校では全教科に関する指導法が置かれ、原則的には必修になっている。個別授業の名称では中・高に関しては○○科教育法としているのが普通で、小学校に関しては××科教材研究とか××科指導法などになっていることが多い。この領域は、教育学においては「教科教育学」に分類され、教職課程においては「各教科の指導法」とされている。

実際の学校教育においては「授業」と呼ばれる教育活動に関わっている領域で、量的にも、質的にも重要なものと認識されているが、教職課程においては必ずしもそうなっていない。それどころか戦後の教員養成においては軽視されてきた領域と言っても過言ではないだろう。

教職課程カリキュラムは基本的に「教職専門科目」と「教科専門科目」とに分けられるが、この「教科教育学」に関する授業がどちらに属するのか、あるいは独立した領域とされるかも確定していない。専門家の養成も最近になって進んだが、長く放置されてきたと言えるだろう。

実は戦前教員養成体制、それは小学校教員養成を主とする場だったので、それを担った師範学校の教育は基本的には指導法を指導する場だったと言ってよいだろう。もちろん理科なら物化生地の基本が扱われ、国語や国文学も教えられたが、それは指導法の基礎となるという考え方だった。だからそうした教科科目の専門家も同時に指導法の指導も担っていた。戦後の新体制になって、それが教員養成として良かったのか、悪かったのか総括されるまでもなく、遅れた体制として扱われ、「大学における教員養成」の掛け声の下では圧倒的に教科専門科目が優位に置かれることになり、教科教育学領域における指導は添え物にされてしまった。

創設時宮教大の実情

既に何回か記したことだが、宮教大が東北大学から分離された教員養成課程を基盤にして設置されたのが一九六五（昭和四〇）年で、四年間かけて完成する予定になっていた。私が教育学担当の講師で赴任したのが、完成予定年度に当たる一九六八年だった。

すでに全国の国立教員養成課程は各県に設置済みで、その中に単科教育大学も七大学があり、宮教大が八番目の教育大学になった。新構想教員養成大学と呼ばれた兵庫、上越、鳴門の各教育大学が創設されるのは、その後の七八年と八一年とでその意味では宮教大は既存教育大学と新構想教育大学の両方の性格をもたされていたことになる。

その当時は国立大学の教員配置は一九六四年の「学科目省令」によって規定されることになり、教員養成大学・学部では学生は「教員養成課程」に、教員は「学科目」に配置されることになっていた。学科目をどのようにグルーピングするかは各大学に任されていたので、宮教大では教員組織は「教科」と呼ばれ、小学校・中学校での教科、例えば国語、社会、数学など、に準じて設定されていて、「教科」に属さないのが教職科で、私は学科目「教育学」を担って、「教職科」に所属していた。なお、まだ後の特別支援関係は独立していなくて、教職科に含まれていた。

私が気になったのは、各教科教育法の担当者が各教科に分属していたことだった。例を挙げると中学校課程の国語科教育法、小学校課程の国語科教材研究を担当する教員は、国語学、国文学を担当する教員と並んで国語科に所属していた。これは他の教科教育法でも同じだった。

私は教科教育学は各教科ばらばらではなく、教科教育学としてまとまるか、教職科の中に入るべきではないか、少なくとも第二教職科のようなものにするべきではないかと考えた。幸い社会科教育学の担当教員が音頭を取って教科教育研究会という勉強会を呼びかけ、各教科教育担当者が加わる緩い組織が立ち上がった。それで私もそこに加えてもらうことにした。

当時の教科教育法担当者の出自は、後から思えば次の三類型のどれかに属していて、まだ教科教育法の専門家は少なかった。

(A) 旧師範学校在職者で、教科の専門に配置できない教員。

(B) 教科専門の席が埋まっているため、当面教科教育法のポストに就いている教員。

(C) 教科教育法適任の教員。

私の目からみて迷いなくCとしてよいのは、理科教育の高橋金三郎と体育科教育の中森孜郎の二人だけで、後に指導法の分野で活躍することになる音楽教育の渋谷伝は声楽に、国語教育の渋谷孝は国文学のポストに就いていた。

私は教員養成の充実のためには、教科教育法の自立が重要であり、さらに各教科がまとまって「教科教育学」となることが必要だと考え働きかけたがそういう動きにはならなかった。第五章「統合の軸としての「教授学」」で述べたように、それが「教授学」建設の軸となると考えたのだった。

しかし、その経緯はすでに書いたように、挫折の憂き目をみることになり、前記した教科教育研究会も主導した教員が、実は典型的なBに属する教員で、自身が希望する教科専門の席が空くと早速そこへ移り、同時に研究会の幕も閉じてしまった。

そのころはまだ若くて他大学の内情など知る立場になかったが、その後他の教育大は当然として他の教育学部の実情を知るようになると、宮教大のケースも決して特別ではなかったことを知ることになる。教科教育学の自立と専門家集団が形成されるにはその養成ルートが成立し、自立するのを待たなければならなかった。

それはそれとして、教員養成学部における教科教育の位置づけはどのようにするのがよいかの課題は今なお残っていると思う。その選択肢はつぎのようになるだろう。

① 各教科に分属する
② 教育学・心理学などと共に教職専門を構成する
③ 教科教育学としてまとまって自立する

これは今後も教員養成大学・学部の課題として残っていると私は考えている。

学校現場からの輩出

創設時の宮教大にとって、もう一つの課題は学校現場との連携が薄かったことである。もちろん教員個人として学校現場や現場の教員個々と連携している教員は少なからずいたはずだが、公的な教育研究活動で学校現場と連携協力することは弱かった。これは旧帝国大に包摂されたため、東北大学の教員養成課程は師範学校との命脈を途切れさせていたことが原因だろう。

私が就任に当たって与えられた授業科目は中等教育原理（二年次生配当）、教育内容・方法（三年次）、教育学演習（三年次）だった。その後希望して中等教育原理は初等教育原理に交代させてもらい、学長になるまで担当を続けた。

担当した最初は教育原理は通年開設だったが、機会をみて私はこれを前期二単位、後期二単位に分け、後期は学校現場にある教員に非常勤講師として委嘱することにした。そして具体的には附属小学校の副校長を務めている学校現場経験が長く、既に校長職を経験しているS氏を担当者として申請した。

当時、現在でも附属学校の副校長には現場で校長を務めている教員に委嘱することになっていた。幼稚園は教頭職だったはずだ。副校長人事は大学側の人事だったが、宮城県教委と連携して人選し決定することが慣例になっていて、教育現場で実績があり、そういう実績を論文等で発表している人が選考され、就任するのが通例となっていた。

それで私がS氏を初等教育原理の担当者として申請したところ、審査する委員会でそれにクレームが付いたのに驚いた。それは理科系の教授からだったが、クレームの内容は学位を持っていないこと、学会発表の実績がないことの二点だった。これに対してはその場にいた私から、この授業科目の性質から後期の授業内容は学校現場における教育の実情を学生に知らせ、やがて教職に就いた時の実践に備えるために設定していること、それには学校現場の実情や学校での教師の仕事に通暁する人材が必要であること、附属学校の副校長はそれにふさわしいこと、を力説して事なきを得た。それを皮切りにして学校現場から人材を得て授業担当などをしてもらうことは当たり前のことになっていったが、当時はまだこういう状況だった。宮教大以外の教員養成大学・学部の実情は知らなかったが、そういう状況は多かったかもしれない。

ずっと後になって全国大学の課程認定の審査に携わるようになってみて、その後はむしろ無制限、無条件に学校現場の教員に授業等を委嘱するようになった現実に接して、逆にその行き過ぎと安易さとに眉を顰めたくなり、学位と学会発表を要求された過去の体験が懐かしくなったくらいである。

教科教育学専門家の養成

戦後の教員養成体制において、ここで問題にしている指導法の領域の担当者の配置が長いこと間に合わせの状況になったことは、戦後教員養成が現実の学校現場から遊離してしまったことに因があるが、同時に大学教員の養成の責任を担ったはずの旧帝大、旧高等師範学校の認識不足も責められておかしくないはずである。

私が大学院まで学んだ東大教育学部でみると、私が所属した教育学科の大学院では早くから教育学の専門家になるには何か一つの教科について専門家になる必要がある、あるいはそれが大切なことだという教育研究方針というか、モットーのようなものがあった。教育学の博士第一号となった山住正巳は音楽教育に関わる研究業績によってだったことはよく知られている。それで私が大学院に進学したのは修士課程が一九六〇年、博士課程が六二年になるが、そういう研究姿勢に賛同した私は、自分が好きで、少しは得意だった国語科について勉強することにした。修士論文の題目は「近代国語教育史における言語陶冶価値の認識について」だったが、自分で満足できるようなものにならなかった。

博士課程に進んでさらに深めるつもりだったが、論文としてまとめることは怠り、あるいは実力不足で完成せず博士号は手にすることにならなかった。それは個人的なことだが、この時代には特定教科に関わっての研究が奨励された実例として書いておく。私の後輩たちは少し後までそのモットーを自分のものにしようとしたが、この流れはそれほど長続きはしなかったように思う。他の学科では学校教育学科があったが、それほど教科教育学研究は活発ではなかったように思う。

他大学では戦前の高等師範学校、文理科大の系譜をもつ東京教育大学、広島大学でどうだったか、ここに書くほどのことを知悉していないので触れることはしないが、他の方からの報告を期待しておきたい。

教員養成の単科大学ではその任を担うことができるようになるのはその大学自身の大学院が開設されるようになってからで、東京学芸大に修士課程が設置されるのが一九六六年、その後に各教育大、教育学部に修士課程が設けられることになる。そして一九九六年に東京学芸大と兵庫教育大に連合博士課程が設置されている。こうした教育研究体制において教科教育学がどのように取り組まれたか、教員養成大学・学部への教科教育法担当者の養成がどう進んだか、まだ十分な総括や報告は行われていないのではないか。しかし、学校現場で熱心に教育実践に取り組み、その成果を報告論文等で公表した教員が、こうした教育大学の研究科に進み、修士号や博士号を得て教科教育法を担当する大学教員に転身した例は私が知るケースでもそれなりにあるので、これが教員養成における教科教育法の担当教員の養成ルートとして一定程度の役割を果たしたことは認められるだろう。

なお、私立大学の大学院においてもこの領域の教育研究が取り組まれており、当然そこからも教員養成の担当教員を生み出しているが、これについてまとめて報告したり論じたりできるものを持ち合わせていないのでここでは省略する。

教職大学院への期待

次の画期は教職大学院の開設だろう。

教職大学院は平成一八年の中教審答申で制度設計され、平成二〇年度に発足したが、私自身この制度設計の検討に加わり、中教審の審議では専門職大学院WGに所属して主査を務めたのでひとしおの思い入れがある。教員養成体制が大学と学校現場との連携協力によってこそ充実できる、また戦後教員養成の脆弱性も克服できると考えて取り組んだのだった。しかし、率直に言って教員養成大学・学部の教科教育法等の担当教員の養成の役割を担うものになることは想定できていなかった。それは当時まだ教職専門と教科専門との分離状態を前提にしていて、教職大学院がその統合に向けての一歩になるとの認識が不十分だったことによる。

現在、いくつかの教職大学院で取り組まれつつある、教科専門に当たる教育研究領域と教職専門科目の領域を統合しようとする改革動向は、教職大学院こそが教員養成を担う大学教員の養成の場となりうることを示しているといえるだろう。

第十章

教育実習と附属学校の改革

私の教育実習体験

私が取得を希望した教員免許は、中・高の社会科で、教育実習は学部の四年生になって大学の附属中・高で開かれた事前指導に参加した上で、夏休みの終わりの時期に実習校での実習となった。期間は二週間、横浜市に居住していたので、大学が実習校として指定したのが川崎市立渡田中学校で、一年生の学級に配置された。同時に参加していたのは四、五人で私と同じ教育学部生Fと高校の同級生だった文学部生Nがいて、それぞれ親しい間柄だったので楽な気持ちで参加できた。それどころか渡田中学では私たちを大歓迎で、夕方五時を過ぎるとその当時まだ現存していた宿直室に教頭以下十人近い男の教師が集まり、酒盛りになるのだった。私はたいしてお酒が飲めなかったが、FやNなどはよく飲めたので、大盛り上がりになったのは覚えている。この学校では毎日そんな振る舞いだったのか、私たち実習生が来たのを機会にみんなが集まったのか、今となっては判然としないが開放的で、気持ちの良い学校だった。

担当授業は社会科だったので、その時期に該当した地理の教材を扱ったのを覚えている。後半の一週間の社会科は私に任されたような状態で、自由に、のびのびと授業がやれた。生徒たちは私の授業によく反応してくれて楽しい授業になった。私は自分に教師の天分が備わっているという自信をもつことができた。

しかし、私と生徒たちの良好な関係は授業の間だけで、授業が終わると特段親しい間柄にはならず、よそよそしい関係とまではいわないが個人としての付き合いは生まれなかった。対してFやNは生徒個人と親しそうにしていて、特に心理学を専攻しているFはいろんな相談事に乗ったりしていた。これをみて私は自分が子どもたちからは懐かれないことがわかり、少々落胆した。

FやNの授業の様子を見る機会もあったが、そんなに盛り上がっている風ではなかったようだった。それで私は教師の資質には集団の授業の運営に向いている場合と個別の生徒と信頼関係が保てるのと二通りあることを学んだ。

もう六十年も前の体験で、当時の記憶も淡くなっているが、この二つの違いは私の自己認識にはっきり刻まれ、その後の私の生き方の自覚にもなったのだった。

一つ付け加えておくと当時の東京大学は教育実習にしっかりと対応していて、事前実習に二度附属中・高に参集させられ附属の教員の講義を聞いたこと、記憶があいまいになっているが事後実習もあったはずだ。そして実習中に学部の教員の実習校訪問が一度あったことを思い出す。

教育実習の役割

教員養成において教育実習が大切な役割を担っていることは大方が認めるところで、戦後教員養成体制においても最初から必修になっていた。しかも現在より多い単位数が当てられていたはずである。これは師範学校における養成体制では、ほぼ一年間の学修が学校での実習に当てられており、そのため、たいてい師範学校と同じ敷地内に附属小学校が置かれていたものである。これが戦後の国立の教育大学・学部における当初の養成体制にも引き継がれたのである。

教育実習の目的の一つは教職に就いたときに必要となる知識・技能を身に付けるためであり、もう一つは実地に学ぶことで自身の教員への適性をはっきりつかむためである。師範学校などによる養成体制では、前者の目的が重視されたが、開放制の体制が有力になるにしたがって後者の目的に比重が置かれるようになる。

実際、宮教大での経験でも教職を志望してこの大学に入ってきたにもかかわらず、教育実習に参加して自分がその仕事に向いていないことを自覚する学生はかなりいるもので、私はそれはそれでよいことだと思い他の職域に進むことを歓迎した。そういう学生とも卒業後には教職に就いたものと同じように交際できたことはうれしい記憶になっている。逆に教職に向いていないことが自他ともに分かったのに、どうしても教職をあきらめない学生もそれなりの数いるもので、こちらは対応に困惑した記憶が残っている。

教育実習が教員養成において大切なものだと認識されているその一方では、ひどく厄介なものだとも思われてもいる。それは講義や演習で済まされるものなら大学としては取り組みやすいが、実習で、しかも大学外での取り組みとなると厄介だということである。

大学当局だけでなく学生自身が同じように思っている場合が多い。普段の大学生活が断ち切られるからで、運動系の部活動に参加している学生ならなおさらそう思うだろう。宮教大時代に仙台六大学の試合をよく応援に行った。主力選手が欠場していて心配していると七回頃に代打で登場したりするのでどうしたと尋ねると教育実習です、という返事が戻ってくることがよくあった。

こういうことから、次第に教育実習の負担を軽くしようという動きが、制度的にも実際の運用でも生まれてきて、これが戦後教員養成の歴年の趨勢になる。特に開放制体制における中・高免許の取得に伴う教育実習ではそういう指向が顕著になり、〝母校実習〟という対策（?）が生まれることになったのは残念である。

附属学校の役割

大学に付置される附属学校の役割は、大別すると二つあって、一つは大学の教育実習と教育研究に協力することで、もう一つは一般の教育を主たる目的とし、教育実習への協力は限定的になっているものである。前者は師範学校から引き継いだ国立の教育系大学・学部に付置されるもので、現在では幼稚園・小学校・中学校・高等学校・特別支援学校なども設置されている。後者についてはさまざまな性格の学校があり、一律には論ぜられない。

教員養成の側からみると小学校教員養成には附属小学校（以下、附小）の設置が必須だったが、二〇〇五（平成一七）年に私立大学の参入が解禁されて以後は附小を併置しない大学での小学校教員の養成が激増し、現在では数的にはそのほうが多くなっている。私が勤務した十文字学園女子大学もその一つだった。理事長は私に附小の設置は小学校教員の養成のためには必要だと思うが、財政的に困難だと何回か説明してくれたことを覚えている。そうした流れが始まってすでに二十年近くが経った現在、その体制の良し悪しについて本格的に検討する時期になっているのではないかというのが私見である。

附属学校の設置目的の重要な一つに教育実習の実施があるが、その良否には二通りの見方がある。附属学校にお任せしておけば、実習はスムースに進むし、よく面倒を見てもらえるという利点を強調する考え方がある一方、附属学校の大方は地域の中で選ばれた児童・生徒で構成されているのが普通であるから、実習生にとっては授業活動などもやりやすくなるが、いざ教員になって地方の学校に赴任すると状況が違い困惑することになるので、附属学校での実習だけでは困る、という考え方も根強くある。これが教員養成、特に小学校教員養成が国立大学の教員養成系大学・学部を中心に展開されていた時代の悩みだったが、今や教員養成の比重が私立大学に移ってきて、その様相は大きく変化している。

それでも教員養成における教育実習の重要性は変わらない。そして附属学校による教育実習の実施モデルに代わる新しいモデルも生まれていないのが現状である。

宮教大新設時の附属学校と教育実習

新設された宮教大では教育実習の実施は、東北大教員養成課程を引き継いでいたのでそれなりにしっかりした体制がとられていたが、それは典型的な旧来型だったので、重要な改革課題となった。特に林竹二学長は附属学校の改革に熱心で高橋金三郎教授は教育実習の改革に熱心だった。私はその両方の助手役（あるいは先兵役）を務めることになったので、附属学校の教員たちとの論議の矢面に立たされることも多かったが、そのおかげで附小の教員たちとは親しくなり、特に当時同世代だった教員たちとはその後も長く交流が続き、私の宮教大での活動の土台をつくるのに大変役に立つことになった。

東北大時代から附属学校は小学校、中学校、幼稚園が仙台市内の上杉キャンパスに男子学生寮とともにあったが、宮教大になって附属学校だけが引き継がれた。すぐ近くに東北大農学部があり、そこが青葉山に移転し、その跡に宮教大が設置される計画になっていたが、農学部が移転を拒んだため、宮教大の方が青葉山に新設されることになり、新設の宮教大は大学学部と附属学校が離れて設置されることになった。大学学部がある青葉山キャンパスと上杉キャンパスとは車で三十分程度の距離ができてしまい、大学の授業などの合間に附属学校を訪問するというのは困難だった。

その後全国の国立の教育系大学・学部を訪問する機会が多くなり、教育実習と附属学校との関係について見聞し、その実情を知るようになると大学学部と附属学校との空間的距離の遠近は教育実習の実施と教育研究の協働にとって決定的に重要であることを知るようになった。その点からすれば宮教大の新設計画ではそのことが十分に配慮されていたが、当の東北大学はそのことにはまったく配慮する気がなかったことがわかる。私が宮教大に赴任した早々、市内でタクシーに乗った時、その運転手が私が宮教大の教員と知って、「農学部は予定地の青葉山の土地が農場に適さないので移転しなかったという話だが、土地を改良するのが農学部の仕事なのになんですかね」と嘲笑するのを聞かされたことが忘れられない。それから五十年余、最近になって農学部は青葉山の新キャンパスに移転し、旧キャンパスは病院とかスーパーの新設予定地になって今は広大な空き地になっている。そのそばを通るときあの運転手との会話や、男子寮だけは宮教大に引き継がれなかったことを怒りと共に私にその経緯を話してくれた、その後四代目学長になった大塚徳郎教授のことを思い出すのだった。高橋教授や大塚教授からは、私は「帝国大学」の「師範学校」への仕打ち、という口吻を嗅ぎ取ったのだった。

新設後まもなく附属養護学校（現、特別支援学校）が青葉山キャンパスに新設されて宮教大の附属学校体制が整い現在に至っている。

教育実習では昭和四三年度（大学設置の三年目）の「教育実習の取り扱い」の履修方法等の項に「小学校教育実習および中学校教育実習について　三年次二週間、四年次三週間と二学年にわたって履修するものとし、三年次においてはおもに観察・参加を、四年次においてはおもに教壇実習を行う」と示されている。この場合、実習は三年次も四年次も附属学校で実施するという体制がとられていた。※1

新しい教育実習の模索

林竹二学長の体制となって進められたことの一つに、教育実習を附属学校依存から脱却し、公立学校に移していく、さらにはへき地学校などでの実習が試みられるようになったことがある。しかし、それは附属学校の役割を減じることではなく、教育研究においてはより比重を高め、それに見合った附属学校として充実させようとすることだった。

そのためまず附小のエリート養成体制を公立小と同じ普通の教育体制にすることが試みられた。最初に手を付けたのが、小学校入学時の選抜を完全抽選制にすることだったが、これは附小側のかなりの抵抗にあうことになった。当時の文部省はむしろその試みを支持してくれたが、地域の教育関係者間においてひどく不興を買うことになり、学生の教員採用にまで不利に働くような状況が生まれ、林学長の退任後にはしだいに元に戻って行ったのだった。ある意味で「宮教大の敗北」だった。

こうした改革を進めるに当たって、私は教育実習を「教育実地教育」と呼ぶことを提唱して次のように書いている。

「教育実地教育領域は、教育実習と呼ばれているものである。私がこのような名称で呼ぼうとするのは、ただ名称だけのことではない。今、一般に教育実習が教員養成教育の総仕上げと職業に就くための準備との意味あいをもたされていることを否定したいためである。教育実習に参加して授業などを実際にやってみることによって、学生たちが新しい学習の問題を発見していく場と契機としたいのである。授業をやってみたことによって、今まで自分の頭の中ではわかったつもりでいたことがらが、実はさっぱりわかっていなかったということがわかり、新たに学習の目標と意欲とが出てくるようなものにしたいと思う。宮教大ではこの観点からの取り組みを今年から始めたが、その成果はまだまだ未知数である。[※2]」

これは一九七一（昭和四六）年度からの改革について述べたもので、三年次三週間の附属校（小・中）での実習で、学部教員による授業が行われ、それをめぐって学部と附属の教員と学生が研究討議を行ったことを報告している。

そして次の段階では三年次三週間の実習の場を公立学校で実施し、四年次一週間の実習を附属校で行う体制に移行して行った。だがこの方式も附属側の不興を買い、大学と附属の対立の火種となってしまった。また、学生も私たちの考え方よりも普通の実習を希望するので、やがてこういう構想は理想倒れになってしまったのだった。

注

1 宮城教育大学『宮城教育大学十年史資料集（下）』一九七七年三月　二五九頁

2 横須賀薫『教師養成教育の探究』評論社　一九七六年五月　三三一頁

第十一章

ゼミの大切さと卒業後のケア

教職課程における「ゼミ」

ゼミナール（Seminar）は大学における演習形式の授業のことで、あるテーマを設定し、それに関する学生の発表や討論などを中心とするものと定義されている。ゼミはゼミナールの略称だが、教師も学生も普通「ゼミ」と呼びならわしている。旧制帝大時代からゼミは重要視され、教員と学生との紐帯がつくられる場としても重要視された。○○ゼミとして教授の個人名付きで語られるのも多くあり、その中では例えば「丸山ゼミ」のように学問史や思想史上に残されているものもある。新制大学になっても学生の大学への期待は、大規模講義で充たされるものではなく、ゼミへの期待は大きく、卒業後の思い出の中心になる。

コロナ禍による影響を受けて大学の教育が圧倒的にオンライン形式になると、いよいよゼミ形式の授業の大切さが浮き彫りになった。

一方、教職課程においてはゼミの比重は小さいのが現実である。実際のところ教職専門科目の中で「演習」の名が付されている科目には教職実践演習があるが、これはいわゆるゼミには該当しない。卒業年次の教員免許取得希望者のそれまでの単位取得状況とか教師としての実践的指導能力形成の確認が主目的なので、履修者の個人の学習歴が前面に出てくる配慮が必要となるのでこの名称になっているだけである。だから教職科目となるとほとんどすべての授業が講義で、しかも大規模講義となっているのが実情である。

教員養成部会委員として多くの大学の教職課程の実地視察に当たり、その中で実際の授業の様子を見学する体験をしてきたが、これでよいのかと思わされるのが現実だった。例えば「教育の方法及び技術」の授業を見学する機会が多かったが、こういう科目でも大教室で開かれていて担当教員がマイクで一方的に話していたり、しかも教室の最後尾ではよく聞こえなかったりするのをみると、これでよいのかと思ってしまうことがよくあった。視察の中での批評・感想の機会には、せめてこの科目くらい少人数でやってほしいと述べた記憶がある。

教職専門科目は各大学とも経済効率性が重視され、大人数でてっとり早く済ますことが最優先される傾向があるが、ぜひ反省点として教職専門科目のゼミ形式による授業が増えていくことを熱望しておきたい。

教育学演習から卒業研究演習へ

もちろん教員養成大学といえどもゼミと無縁なわけではない。教科専門科目では少人数の授業やゼミが展開されるのが普通で、その点では一般の大規模大学よりはるかにきめの細かい教員と学生の交流や実質的な授業が展開されているとみてよいだろう。私の五十年の体験でもそうであり、それが私の貴重な教育体験となっている。

私が宮教大で背負った学科目は教育学で、教員の所属グループでは教職科に属した。全学の教職専門科目を複数担当したが、これは前述の通りだいたい大規模授業だった。小学校教員養成課程の学生で、三年次から教育学・教育心理学関係を専門として選んだ学生には中規模授業やゼミを担当した。ゼミは教育学演習と卒業研究演習で、名称に若干の変更はあったが、新任時から学長に就任した翌年から担当を止めることになるまでの三十二年間この態勢だった。教育学演習の履修者と卒業研究演習の履修者とは原則として同一だったので、二年間のゼミ教育だった。これが横須賀研究室を形成しているわけで、各年度少ない時は数名、多い時は二十名前後になった。一九八八（昭和六三）に修士課程が発足し学部と同様に教育学を担当したが、指導教官となったのは毎年度一名程度で、学部の教育学演習に加わってもらうようにした。

ゼミは数年おきに主とする内容を変えたが、できるだけ文献購読の機会をもつようにした。テキストにしたのはデューイ『学校と社会』、ルソー『エミール』などで、卒業すれば小学校の教員となることを志望している学生たちだったので、あえて文献購読の機会を設けるという考え方をしたのだった。

演習に特別な工夫をした覚えもないが、必ず合宿ゼミをすることを学生に課し、自分自身にも努力義務とした。時機は夏休み明けの九月と卒業直前の二〜三月に二泊三日で実施するケースが多かった。九月の合宿ゼミは教育学演習の履修者だけで開き、二月の合宿は卒業研究演習として開き、そこに教育学演習が加わるように設定した。

合宿ゼミは必ず自炊をともなうかたちで実施したが、その利点はいくつもあり、それはだいたい次のような点である。①費用が安価で済む、②一緒に生活することで教師と学生の間の壁、学生同士の壁がとれるようになる。私はよく合宿ゼミをやればその後は「このバカ者！」と怒鳴ることもできるようになると言ったが、その通りのことをしたわけでもないが、気持ちとしてはそうだった、③は自炊だとその準備過程が観察できて、学生一人一人の性格、家庭の様子も見えるようになる、④二泊三日のゼミを設定しておくと毎週のゼミを開かないで済み、私の出張日程などと調整するのが楽になる。

卒業研究演習は大学全体として設定されていたもので、いわゆる卒業論文に当たるもので音・美・体など実技系の学科などにも配慮して単位認定上の演習形式としたものだったが、私は演習と論文の両要素を取り入れ、年度の前半は演習として、共通課題で学び、後半から各自が課題をもって学習し、それを論文にまとめるという工程を取るようにした。二月の卒業研究演習の合宿は教育学演習と合同で開催し、四年生が三年生相手に論文の内容を発表するようにした。これは四年生にプレッシャーを与える設定で、同学年や指導教員には甘えて手抜きをしがちになるが、下級生の前では見栄もあって一生懸命になるという仕掛けだった。

もう一つ重要なことは全学向けの授業として「教授学演習」を開設したことであるが、これはゼミ教育とは別の課題になるので稿を改めて書くことにしたい。

「ひよことたまご」の実践

宮教大で仕事をするようになって最初の四、五年は腰が定まらなかったが、次第に自分のゼミの学生は卒業後は小学校の教師となるものと想定し、そのための教育訓練をし、卒業後には教育実践者と研究者との付き合いとする、という態勢が固まっていった。特に私の研究関心が授業研究に焦点化されて以後はそれに熱を入れるようになった。教員養成の仕事は在学中で終わるものではなく、卒業後にも継続するもので、それは教員養成大学で仕事する教員の一つの任務と考えるようになった。わかりやすく言えば卒業後のケアであり、人間同士の付き合いである。教員養成と現職研修にはこの要素が大切だと信じている。

こう考えると在学中の学生の教育と卒業して教師になった者への指導、指導は大げさだが関与とを合体させることが、卒業生にとっても、学生にとっても良い機会になり、私の仕事にとっても〝一挙両得〟に思い始めたのが研究室の機関誌を刊行することだった。「ひよことたまご」の実践である。

第一号は一九七四（昭和四九）年五月三一日で、宮教大横須賀研究室内「ひよことたまご」編集部からの刊行としている。

私が第一号に掲載した「はじめるにあたって」は少し長くなるが、全文引用しておこう。

こんにちは。お元気ですか。わたしもますます元気でやっています。

こんど、研究室で通信ノート『ひよことたまご』を創刊することにしました。このノートは大学時代に何かと私の研究室に出入りし、今は全国の教室や研究室で活動している人たちと、そしてこれから私の研究室に出入りするものたちと結びつけるためのものです。同時に、今は全国に散ってなかなか相互に実践や研究を交流しにくくなっている皆さんを結びつけるためのものです。

研究室はキーステーションであり、『ひよことたまご』は連絡電波です。

ごく最近、文部省の審議会が教員養成大学・学部の大学院について方針を決定しました。この内容をみますと、目的は現職教員の再教育におかれているのですが、その内容は管理運営の形態ばかりは、筑波大学にならって〝新しい〟のに、教育の内容ときてはまったく古色蒼然としたものです。教育の実践とは無縁な形骸化した〝学問〟をならべたてて教員の出世の勲章を用意しようというものです。しかし教員養成大学の大学院はまちがいなくできていくでしょう。それはしかたのないことです。それならば、わたしたちも自分たちの手で現職教員の〝大学院〟をつくらねばならないのではないでしょうか。『ひよことたまご』はまさに〝手づくり〟の大学院です。

学部の教育にしてもそれと同じではないでしょうか。なるほど宮教大はこのところ全国に名をとどろかすようなことがいくつかありました。しかし、本当のところその教育のなかみは変革されているのでしょうか。そうではないのです。先輩諸君の手で大学もつくってほしいのです。

プリント一枚、ハガキ一枚でかまいません。実践や研究の断片を通信して下さい。内容もこういうものでないといけないということはありません。ただ、ひとつの原則は教育の実学を尊重していきたいということだけです。どうあるべきか云々ではなく、どうやった、どうやるつもりか、こそ大切にしたいということだけは、はっきりさせておきましょう。そうすればこうやったほうがよい、こうしてほしいということが、どんどんうまれてくるはずです。

さあ、〝たまご〟たちは〝ひよこ〟を待っています。さっぱり通信もないと、そうか、みんなはもう自分を〝ひよこ〟だなんて思っていないんだなあ、と思うことになるのです。

私の三十歳代終わり頃の文章で気恥ずかしいが、卒業生と現役のゼミ生への期待とがはっきり書かれていると思う。そして私の教師教育実践への覚悟と方向が決まった時期の文章として、私自身には記念碑的なものになった。

この通信は手書きの原稿を複写したもので、全十八頁になっているが、その後も終刊まで体裁は同じで、ワープロ登場以前の素朴な姿をとどめている。

第一期三十号が終刊号で、一九七八年三月二七日付で、第二期はないのでこれが最終号になる。そしてその後に「ひよことたまご」目次総覧[※1]を刊行している。

新任教師の精神安定剤

こういう交流誌（紙）の果たす役割として、新任教師が自身の身辺生活を綴り、報告しあうことが精神安定剤となることがある。それを現役の学生が読むことは、翌年には自分が出会うことになるかもしれないこととして身近に知っておく役割も果たすことになる。二五号（七七・七・二九）には三人の新任教師の近況報告が掲載されている。一部抜粋しておこう。こんな調子である。

〈モコちゃんからの手紙〉

ところで、学校は高いところに登れば海がよく見えるという山あいの全校生徒六十八人の水梨小学校。この前、七：一五のバスにのりおくれ、天気もよいので歩いてみるかとひたすらひたすら歩いて五十分かかりました。地図でみるとすごく遠いようだけれど歩いてみるとたいしたことありません。…一日に桜吹雪きの中で運動会がありました。我が一年生十二人は、まー九回も出場、こちらの方がつかれました。

〃ふるだ〃とはがまがえるのことかな。ところが、ふるだのたまごといわれていたたまごが、暖かかったせいか連休明けにかえっていました。かえってみたところ、どうもおたまじゃくしとはちがって、スマートでひげのようなものがあるのです。六年生が四十二（地名）のところからとったんだからイモリだイモリだといいます。どうなるのかたのしみです。この結果はまたお知らせします。（以下略）

〈サッちゃんからの手紙〉

学校がかわったのに、わりあい落ち着いた気分です。（昨年はあまりにひどくて比較になりませんが）子どもは男十名女十一名の二十一人です。二年生。昨年友人が「子どもが可愛い」とか「教室にいるのがたのしい」などという話をしていたのですが、そのたびに私は、信じられませんでした。「可愛い？　冗談じゃない。子どもさえいなければ教師はいい職業だ」などと思っていたのです。おわかりでしょう。去年の私をご存じの方は。

けれど今年はたのしいです。授業にまともになるの。ともかく子どもが、ありがたくもこちらを見てくれるのです。すなおでわりにおもしろいこと言います。（以下略）

こういう教師の〝生活綴り方〟こそが共有される材料で、真の認識を形成するのである。久しぶりに読み直してみて、私自身あらためてそう思ったのだった。

学生にとって自己探求の場

ゼミの学生にはこの機関誌の編集や発送を担当させ、またできるだけ文章を掲載するように促した。

〈連載――風にのり何処へ　M・S（誌面では本名）〉

ぼくは研究室でお茶を飲んで本をみていた。窓の外は暖かい空気がキャンパスを包んでいた。何と無しに、みんなに、旅に出る、と公言していたこともあり、まだ行かないのなんていう声を気にしながら坐っていた。

旅に行くには何で行こうか、列車、自動車……ぼくは心の中で列車と半ば決めていた。…そんな思いを話しているとき、自転車で行けば、と友達がおそらく冗談で言ったであろう言葉を耳にしたぼくは反射的に次の言葉を口にしてしまった。「じゃ、それにしょう。」（以下略）

学生は迷い、悩み、自分を探す。ゼミはその場を提供する役割をもっている。

注

1　「ひよことたまご」目次綜覧写真（次頁～）参照

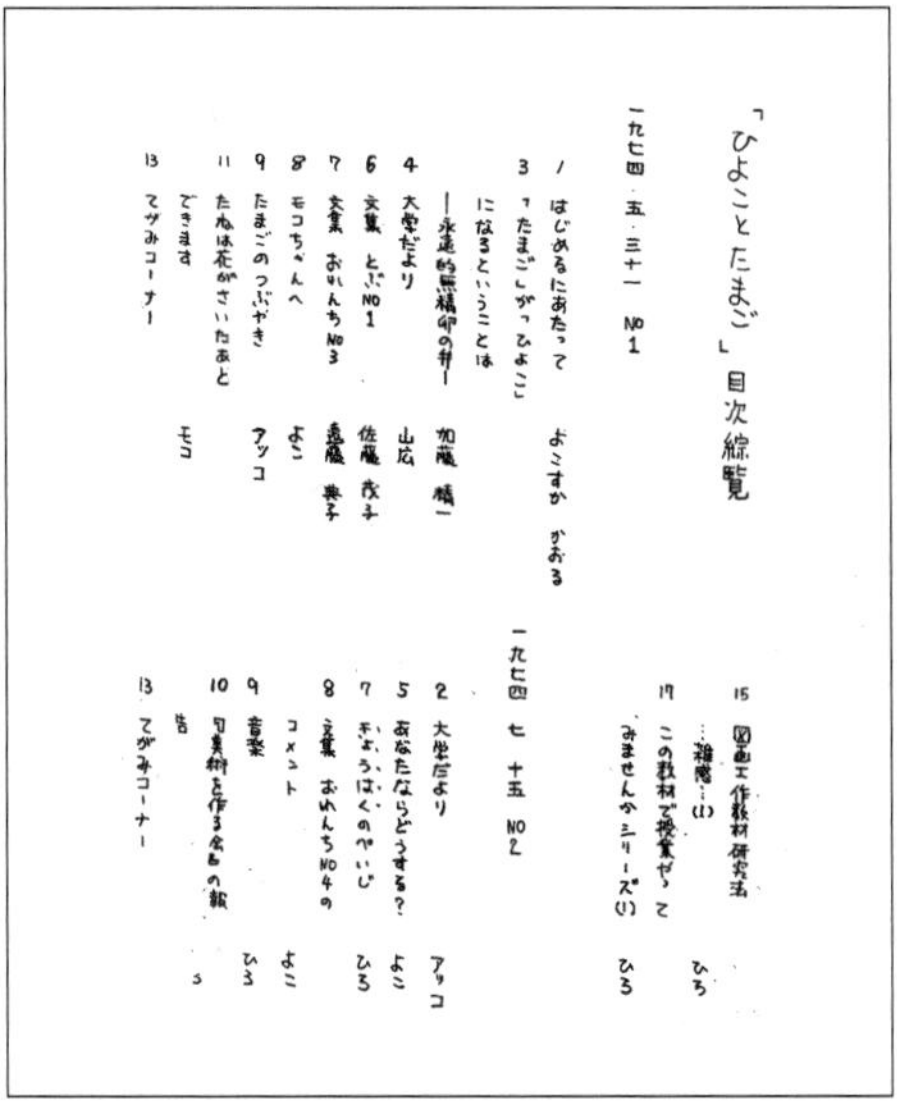

「ひよことたまご」目次綜覧

一九七四・五・三十一　No1
1　はじめるにあたって　よこすか　かおる
3　「たまご」が「ひよこ」になるということは
―永遠的無精卵の弁―　加藤　禎一
4　大学だより　山広
6　文集　とぶNo1　佐藤　茂子
7　文集　おれんちNo3　遠藤　典子
8　モコちゃんへ　よこ
9　たまごのつぶやき　アッコ
11　たねは花がさいたあと
できます　モコ
13　てヅみコーナー
15　図画工作教材研究法
…雑感…(1)　ひろ
17　この教材で授業やって
みませんかシリーズ(1)　ひろ

一九七四・七・十五　NO2
2　大学だより　アッコ
5　あなたならどうする？　よこ
7　ぎょうはくのぺいじ　ひろ
8　文集　おれんちNO4の
コメント　よこ
9　音楽　ひろ
10　句集梢を作る会の報
告
13　てがみコーナー

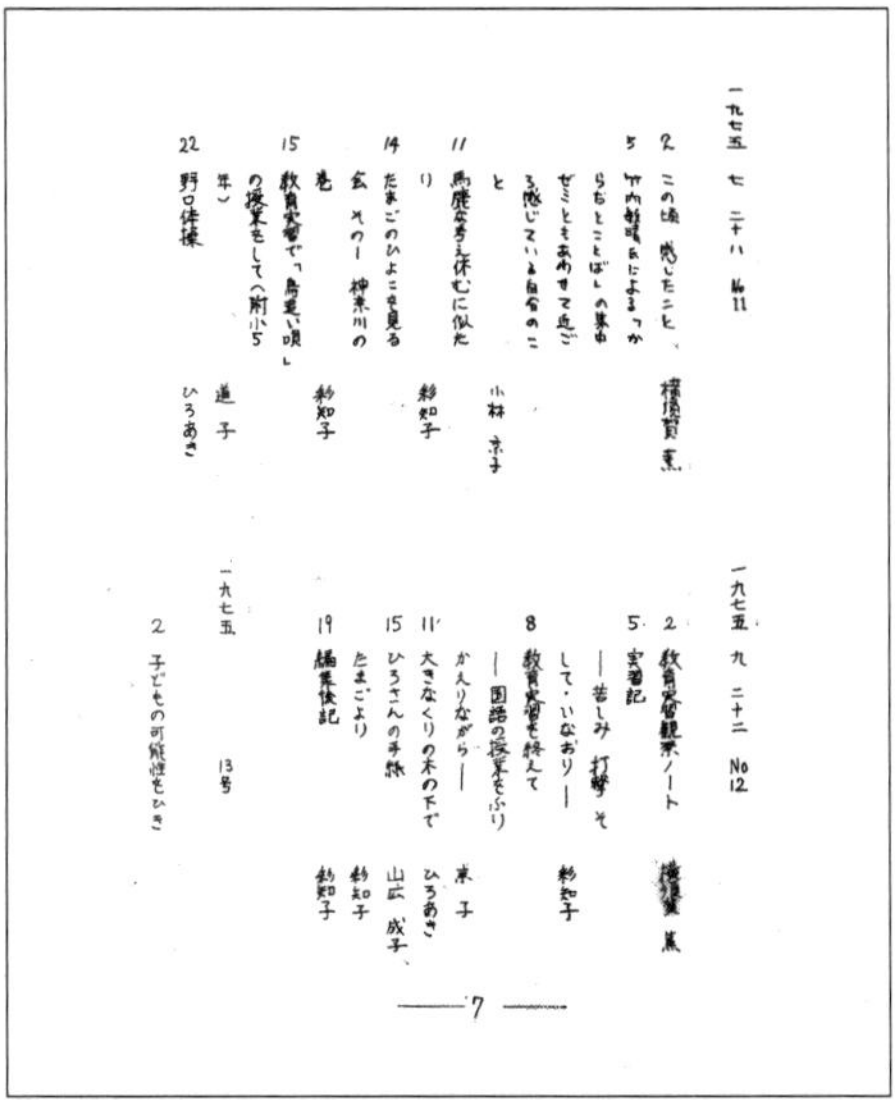

一九七五・七・二十八　No11
2　この頃感じたこと、　横須賀　薫
5　竹内敏晴氏による「か
らだとことば」の集中
ゼミとあわせて近ご
ろ感じている自分のこ
と　小林　京子
11　馬鹿な考え休むに似た
り　杉知子
14　たまごのひよこを見る
会　その一　神奈川の
巻　杉知子
15　教育実習で「馬追い唄」
の授業をして（附小5
年）　道子
22　野口体操　ひろあき

一九七五・九・二十二　No12
2　教育実習観察ノート　横須賀　薫
5　実習記
―苦しみ　打撃　そ
して・いなおり―　杉知子
8　教育実習を終えて
―国語の授業をふり
かえりながら―　京子
11　大きなくりの木の下で　ひろあき
15　ひろさんの手紙　山広　成子
たまごより　杉知子
19　編集後記　杉知子

一九七五　13号
2　子どもの可能性をひき

—7—

「子供の気持ちを読みとること」　長井　美枝
15　教授学演習ノートから　ミチコ
17　てんちゃんの「おもしろいゲームはないか?」に答えて　黒岩　健
18　研究室でやってみました
19　書評
斎藤喜博編『教師の資質をつくるために』
——教授学ゼミの記録　教育展望から転載
20　トピックス……
佐々木宏明さんのこと　京子
20　・学校PTA新聞発行のよびかけ号」
・一枚文集・たんぽぽ」　遠藤　典子

一九七六　九　一　No.19

2　ミチコ
3　迷歌鑑賞　よこすか　かおる
9　教師と子ども(2)
S君連絡ノート　遠藤　典子
17　ほやほやひよこ　大島のサッちゃんからの
第2信・第3信　高内　紗知子
25　星桂子さんからのお便り　星　桂子
27　工藤光子さんからのお便り　工藤　光子
28　おれのページ　編集部
29　佐々木裕子さんからのお便り　佐々木　裕子
31　応用実習をふりかえって　千葉　[illegible]

——11——

10　楽屋裏から　よこすか　かおる
11　師走の教材＝国語
山村暮鳥の詩「鯉釣」　しのへ
13　わかる算数　みっつか　くしえ
15　表紙の言葉　よこ
16　授業をつくる②
なぜ日本人である私は世界史がみえなかったか。　米沢　俊夫
17　〈教材をつくる〉
——歴史に触れて——　小松　厚子
18　編集後記　T(三級)
19　—風にのり何処へ—　三浦　清進
25　小学校教員の養成をどうするか
—教員養成をめぐる村話から—　横須賀　薫

一九七八・二　二十二　29号

1　楽屋裏から　よこすか　かおる
3　冬の合宿研究会に参加して　やまひろ　しげこ
5　ニューイヤー　53・1・8
フルートコンサート
7　ミッちゃんからのおたより　鈴木　道子
8　サッちゃんからのおたより　高内　紗知子
12　第二回「表現の授業」発表会　山口（記）
19　槇氏「利根川」練習過程　[illegible]
16　利根川　三級

——17——

第十二章

「教授学」に託したもの

「教授学」の登場

東北大の教員養成課程を土台にして新設されることになった宮教大だったが、用意された教育課程をみると何ら新味はなく、教員免許を得るための最低必要科目が並んでいるだけだった。実際に発足してからも、特に教育方法とか授業指導に関わる領域は空白に近かった。[※1]

一九六八(昭和四三)年度は新設四年目で完成年度を迎えていた。教育学担当の講師として新採用になった私に与えられた担当科目は「教育課程・方法」という聴き慣れない科目で、教職専門科目ではこれが授業の実際を扱う唯一の科目だった。他は各教科の指導法だけで、小学校教員向けに各科の教材研究があり、中学校教員向けに各科の教育法が置かれていた。学生が卒業して授業を実践する時に、各科で授業の「仕方・やり方」を習っておけばそれでよいと考えられていたのである。

そういう状況において一九七一(昭和四六)年度の教育課程から、前述の「教育課程・方法」に代わって「教授学」が登場する。この科目の新設は歴史的にみても全国の大学で初めてのことであり、教育養成、特に小学校教員養成にとって新しい問題を提起するものだった。この科目の最初の担当者は斎藤喜博と稲垣忠彦で、共に外部講師だった。

実践的教員養成教育の模索

一九七〇年代には、さまざまな人々が宮教大をあたかも一つの舞台であるかのようにそこで出会い、共に新しい教員養成の方向を模索したが、そのキーワードが「教授学」で、キーマンが「斎藤喜博」だった。

群馬県の島小学校校長として授業づくりを核とする学校づくりにより、戦後民主教育の代表的担い手となった斎藤喜博は、一九六〇年代になると、教育科学研究会（教科研）を舞台に教育科学研究を推進するとして教授学の建設を提唱し、研究グループを発足させる。さまざまな志向の人々の集まりだった研究グループは、やがて斎藤がリーダーシップをとるようになり、さらに宮教大から東大教育学部に移った稲垣忠彦が参加することになって本格的な研究者と実践家が協働する研究団体となる。※2

その意味では、宮教大で始まる「教授学」は稲垣主導による実験のようなものだった。

当の宮教大の方も、分離と新設の混乱を脱すると、理科教育の高橋金三郎が軸となって新しい教員が加わり、次第に実践的教育研究の機運がつくられていく。体育科教育の中森孜郎、教育学の横須賀薫が採用されるのもそうした文脈でのことだった。そして決定的だったのは、一九六九（昭和四四）年に新学長に林竹二が就いたことだった。

林は独自に斎藤に興味関心を抱き、一九七〇（昭和四五）年八月に斎藤と会い、肝胆相照らす仲となる。しかも自身が小・中学校で「人間について」と「開国」のテーマで授業をするようになり、これがマスコミなどでも取り上げられるようになり、教育界を越えて話題になる。さらに新設計画の中では教育工学センターとしてあったものが、「授業分析センター」として実現し、専用の施設は附属小学校に併設されることになる。そして林の強い熱意から、一九七四（昭和四九）年八月一日付けで斎藤がセンターの専任教授に就き、「教授学」「教授学演習」を担当し、毎月一回現職教員向けに「第四土曜日の会」と呼ばれる授業研究の会を主宰した。

林は斎藤を専任教授として迎えるに当たって、その具体的な世話を私に依頼した。それは教育学を担当する若手である教員には妥当な任務でもあったが、斎藤の実践そのものに強い関心と憧れを抱いていた私にとっても絶好のチャンス到来であった。

斎藤は一九六九(昭和四四)年三月に五八歳で境小学校校長を最後に群馬県の教職を退いていたが、当時宮教大では六三歳が定年だったので、斎藤は宮教大採用の翌年の一九七五(昭和五〇)年三月で退職となる。今なら特任教授とか招聘教授とかの名称で定年後に雇用されるのが普通になっているが、当時の国立大にはその制度がなく斎藤は公式には退職となった。しかし、斎藤はその後も「教授学」と「教授学演習」を横須賀が開設する形にして、私的に講義と指導を続けてくれたのだった。当然、私はその講義演習に必ず参加し、傍聴と世話役を務めた。それは一九七七(昭和五二)年一二月まで続いた。[※3]

「教授学」の内容と方法

日本の教育学において「教授学」は古くからそれなりの位置を占める研究分野であったが、この時期の登場は一種復古の趣があり、その内容と方法は模索されるべきものであった。それだけに提唱者間でも統一した定義や研究方法はなかった。

斎藤の提唱する「教授学」は、きわめて実践的で個性の強いものであった。それに魅力を感じるものと批判的に対応するものとがあり、やがて内部においても対立と分解が生じるのだった。その結果は斎藤が提唱し、その内容として提案されたものは「斎藤教授学」として称揚される一方、学問的には限定して受け止められることになった。

では、斎藤が宮教大で学生に「教授学」及び「教授学演習」において講じたり、伝えようとしたものはどういうものだったか。

斎藤はその受講生から提出されたレポートを編集して『教師の資質をつくるために　教授学ゼミの記録』（国土社、一九七五年）を刊行したが、その中に「宮城教育大学での教育学演習――序にかえて」を書き残している。それはどのような意図でどのような内容だったか、学生たちがそれをどのように受け止めたかを克明に描いたもので、教授学史上において重要であるだけでなく、教員養成史上においても一つの遺産として扱われるべきものと私は思っている。

斎藤は、同書で自身が考える教授学についてこう述べている。

「教授学は、今のところ体系的な理論などできていないものである。またいそいで体系的な理論などつくり出そうとしてはならないことである。そうでなくいまは、すぐれた授業をつくり出す努力をし、授業全体の事実から、また授業で生きて働く教師や教材や子どもの事実から学びながら、授業での具体的な教師や教材や子どもをとらえなおし、授業とは何か、授業を支配する法則とは何かを、断片的にでもとらえ積み上げていかなければならないことである。」（九頁）

そして、「教授学演習でやったことを項目だけを書くと次のようなことである。」として一〇項目を挙げ、簡単な解説を付けているのでそれを摘記する。紙幅の都合で解説は限られた項目に限るが、以下のようである。（一二～七頁）

一、授業分析

（1）プリントされた現場教師の授業記録によって、授業の分析をする。その場合、はじめに授業案によって検討し、予想をたてた上で授業記録の分析をする。

（2）その教材をつかって、他の解釈や方法で授業にあててみる。それを前の記録と比較してみる。

（3）実際の授業をみて授業分析をする。

二、授業研究

（1）プリントした教材によって、それぞれの解釈やイメージや課題を発表し、それによって話し合う。

（2）その場合、実際の授業で子どもにどう発問し、どう説明し、どう反駁するかなども考える。

（3）実際の授業にあててみて、事前の教材研究と実際の授業とのちがいを考える。

三、授業案、授業計画をつくる練習（解説略）

四、テープや写真やスライドでの研究（解説略）

五、子どもの絵の見方

（1）一つの学級の全体の子どもの絵をならべ、クラス全体の絵について、また一人一人の子どもの絵についての自分の考えを出し合う。

（2）この場合、よい絵や悪い絵を具体的に指摘するとともに、どの子の中にもある一つのよいものを見出すようにする。

六、教師としての朗読法の研究（解説略）

七、合唱練習

(1)二部なり三部なりにわかれて合唱の練習をする。呼吸法、発声練習もする。

(2)歌曲の解釈から出る表現を重視する。

(3)演習で練習した歌曲を、小学校や中学校の生徒のところへ持っていって授業にあててみる。

(4)その結果をまた分析する。

八、合唱の指揮と伴奏の練習

(1)演習での合唱練習のとき、全員で交代で指揮をしてみる。

(2)伴奏もできるだけやってみて、どういう伴奏をすれば歌いよいか体験してみる。

九、体育教材の研究と実技

(1)跳箱運動とマット運動の種目について、教材の本質と指導法について解説する。一応小学校一年から六年までのものとしてつぎのものをあげたが、これは学校なり子どもなりの実情によって、変えてよいものであり、中学校や高等学校で使ってもよいものである。また同じ種目が各学年にあるものは、学年によって質の高さを変えるものである。(以下、種目の解説は略)

(2)各種目について、実際に学生がやってみる。

(3)各種目を授業で生徒にあててみる。

一〇、美しく歩く練習(解説略)

そしてこう付け加えている。

「右のうち、一から六までは午前中にやり、七から一〇までの学生の実技は午後にやった。また小学校・中学校へ行っての授業はすべて私がした。これは演習での共同研究の結果というより、私自身の授業であり、時には演習で出た考え方を否定するために意識的にやった授業もある。私のした授業は、横須賀さんの話によると、四十五分の授業を二十回はやったようである。」

「教師のことば」への挑戦

同時期、私はもう一つの「教師の話しことばの訓練」という課題に挑戦していた。教育実習生の授業を観察していると、学生時に女子学生の児童への話しかけの力不足、したがって教師のことばが児童・生徒に届いていないことが気になった。これは言葉の作法の問題ではなく、意識の問題だと感じた。

例えばある女子学生は、学級の児童に何か発問するとそのたびに手に持つ教科書で自分の口元を覆うのだった。それは私には自分の言葉が子どもたちに届くのが怖いと思っているとしか思えなかった。その折、読んでいた雑誌『ひと』の座談会で一人の演劇人が言葉の訓練について語っているのに接して、これだと飛びつきその演劇人にファンレターと大学での指導との依頼を、その雑誌の編集部気付で送った。早速返事があり、指導を快諾してくれた。その演劇人が竹内敏晴※4で、それから思いがけない交際に発展することになった。私のファンレターの方は残っていないが、竹内からの返信が残っていて、その日付は一九七三（昭和四八）年一一月二八日となっている。

竹内からの手紙を読んで驚いたのは、竹内と林竹二とが旧知の間柄であることが記されていたことだ。それは未知の演劇人に勇気を出して手紙を送り、大学での指導を依頼したことのその後への展開に対して勇気づけてくれるものだったが、一方でこの演劇人の〝発見〟が私一人の手柄ではないことにちょっぴり残念な気持ちになったことも思い出す。

竹内は間もなく、その後名著とされることになる『ことばが劈《ひら》かれるとき』（思想の科学社、一九七五年）を刊行するが、その中にことの経緯と林との関わりについてこう書いている。

「宮城教育大学の横須賀薫氏から講義（レッスン）に呼ばれたのもそのころである。こちらは、教育学のゼミナールであった。横須賀氏によると――教師は農村出身者が多く、一般に自己表現力が乏しい。とくに、教師は話しことばによって子どもを教える職業なのに、話しことばによる表現について教育する課程がまったくない。ことばと、身ぶりの表現について、演劇のレッスンを参考に手探りを始めたところである。竹内の文章を見て、これだと思った。レッスンをしてくれまいか――こういうことであった。私は、「こえ」と「からだ」について探っていた私自身の問題意識が、気づかずにいた標的をたずねあてたような気がした。体育とか音楽とかの課題の枠を超えた、もっと全人間的な広がりへ向かって私のレッスンが方向づけされることを感じた。

同大学の学長が林竹二氏であることを知ったことも私を勇気づけた。林さんは田中正造の研究家で、ぶどうの会で彼を扱った「明治の柩」を上演した折に助言していただき、後、ぶどうの会解散に際しても心配して動いてくださったことがある。だが、その気安さだけが私を勇気づけたのではない。林さんは小学校や中学校へ出かけていって授業をする。「人間について」と題するその記録を私は読んだ。後に実地に見せてもいただいた。（中略）何よりも深く私が感じたのは、林さんの、子どもたちへのふれ方（教え方）は、いちばん単純な、誰にも間違いなくわかる事実に立ちもどり、それを吟味し、さて、それでは人間はという根源的な問いの階梯を一つ一つゆっくりと進んでゆくということであった。」（二二二頁）

今でもそうだが、当時の宮教大の教育課程にこうした課題を扱えるぴったりの授業科目はなかった。そこで便宜上「教育学演習」を増設し、竹内を非常勤講師として集中講義を開設することにした。最初は一九七四（昭和四九）年六月の二日間、一一月の三日間の授業（レッスン）で、その後この非常勤による集中授業（レッスン）は五年間続く。そしてその後専任教授となるが、竹内自身が健康を損なったことや専業とする仕事が多忙となり、大学での仕事に専念できないことなどから一九八四（昭和五九）年末で退職し、翌年四月に林が逝去したこともあり宮教大との縁はそこで終わった。

このレッスンを受講した学生たちは、単位取得を超えて熱心に参加し、さまざまな刺激を受けたのだった。このレッスンの詳細は、竹内著『劇へ——体のバイエル』（青雲書房、一九七五年）に収録されていて、その後いささかソフィスティケートされるかにみえる著述とは違う具体性と明るさを見せると思うのは私の勝手な思い過ごしかもしれない。

振り返ってみれば

私が院生生活から脱して専任教員として赴任したのが新設されたばかりの宮教大だった。新設と言っても東北大学の教職課程が分離されたもので、それは言わば師範学校が凍結保存されていたようなものだった。しかし、旧師範学校が大切にしていた小学校教育の実際と結びついた徹底的な実践性は、帝国大学体制に包摂されたことによって失われてしまっていた。いわば師範学校の抜け殻が新設されたばかりの宮教大だった。ここからどういう教員養成大学を目指すか、が課題だったのだろうが、分離から新設とあわただしく推移した大学にとっては、ゆっくり議論したり、教員間の意見を調節する余裕もないまま、さらにその時期はまさに東大医学部に始まる大学紛争が全国化するときで、そういう大学改革の大波をかぶるような情勢の中で進行していったのだった。

採用されたのが徹底した実践的教員養成だった。そしてそのリーダーは、理科教育を基盤にして実践教育学を志向する高橋金三郎だった。その力は林竹二を学長に迎えることによってさらに強力になった。「宮教大教授学」はその旗印であり、学校現場との連携の象徴が「斎藤喜博」招聘だったのである。

こうした渦中に新任教員として放り込まれたのが三十一歳になったばかりの私だった。それは幸いだったか、不幸だったのか、今から思えば、日本の教育学の中に実践的教員養成の一歩を確実に印す機会に遭遇できたことは幸いだったと思っている。

注

1 宮城教育大学『宮城教育大学十年史資料集』上　一九七六年／下　一九七七年参照
2 箱石泰和「斎藤喜博と教科研教授学部会」横須賀薫編『斎藤喜博研究の現在』（春風社、二〇一二年）所収
3 横須賀薫「斎藤喜博における教授学」（前掲書所収）
4 竹内についての詳細は今野哲男『評伝 竹内敏晴』（言視舎、二〇一五年）を参照。

Ⅱ部　広い視野からの活動へ

第一章

挫折・失意から広い視野へ

「合研」と「授業分析センター」から離れる

一九七八（昭和五三）年三月に第十合同研究室から離れ、教育学の研究室に戻った。

小学校教員養成課程一、二年次学生のための合同研究室、通称「合研」は宮教大の教員養成改革、したがって大学改革の出発点であり、要になったものだった。私はこの改革を推進したグループの一人であり、一種〝知恵袋〟的役割を務めてきた。そこから離れるのは私にとっては決断であり、学長を辞めていた林竹二からは「君が抜けるのは合研体制にとって大打撃だ」と再考を促されたが決意は変わらなかった。

私は合研体制に加わる教員が一部の特定教員に限られ、派閥化することを恐れていた。私が交代することで合研担当教員が流動化する契機にしたいと考え、実行したのだった。このように考えたのは学内のさまざまな動向を慮ってのことだったが、もう一つ強い動機になったのが、私が責任編集し、一九七七年三月に刊行した冊子『教育創造の試行――〝合研教育〟の四年間』に対する反省があった。

この冊子は表題の通り、四年間の合研の歩みを関係した教員たちが綴ったものだったが、一部の論稿に個人攻撃と取られてもやむを得ない部分があった。この冊子は文部省の「昭和五一年度教育方法改善経費」の助成を受けて刊行したものだったが、この点についてある事務官から国の助成を受けて学内の教員の実名を挙げて攻撃するのは不当だ、と注意されることがあった。この人は結局このことを公に発言することはなく、私にだけ話したのだったが、私は強い衝撃を受け、原稿段階で目を通して違和感を感じていたにもかかわらず公刊してしまったことに、責任を感じていたのだった。合研を離れることにしたのは、私なりの始末を付けることだった。

ほとんど同じ時期、授業分析センターの運営からも離れることになったが、こちらは私にとっては不本意な事態だった。

授業分析センターの設置は一九七四（昭和四九）年四月で、教授一名、助手一名が配置された。当初、他大学並みに教育工学センターの設置が予定されていたのを私が中心になって授業研究のセンターに変えて実現したものだった。「授業分析」という名称は文部省と交渉した当時の事務局長が名付けたと後で教えられた。

林学長はこのセンターの専任教授に斎藤喜博を招聘することを強く希望し、教授会で一旦否決されたものを再度提起して実現させた。二度目の選考委員会の主査は私が務め、学内に斎藤は〝次期学長候補〟などというあらぬ噂を流された誤解を解くことに努めたことがあったが、そういうこともあり、また林学長の命を受けて、群馬県玉村の自宅に就任に当たっての打ち合わせに出向き、それ以後連絡役、世話役を務めることになる。

斎藤の教授職は翌七五年度いっぱいで定年規定によって終わったが、その後三年間引き続き、授業分析センターを足場に学生指導、現職教員への研修を継続してくれた。私の世話役も同様に続いた。この間にセンターは附属小学校の一部の間借りから小学校に付設するかたちで独立の施設が設けられた。そして斎藤の後任には高橋金三郎が就いた。

斎藤の指導が終了しても私は引き続きこのセンターで活動するつもりでいたし、やがては自分が引き継いで行くものと内心では考え、活動していた。ところが新年度になってのある日、センターに行ってみるとそれまで机上にあった私の私物が段ボールにまとめられ研究室の隅に置かれていた。「ああこういう仕打ちを受けるのか」と背筋が冷たくなったが、思えば自分はセンターに正規のポストを持っていない人間だったこと、創設に当たって果たした役割は大きかったはずだ、などと思いこんでいた自分の甘さを思い知らされたのだった。以来、このセンターとは縁を切ることにした。

その後

同じ七八年には五月の職場健診で胃潰瘍が見つかる。幸い軽症で、投薬で治癒したが、それ以後も体調はすぐれず、職場を離れることはなかったが、やむを得ない仕事に限るようにした。しかし体調の不調はかなり長く続いた。もしその頃に他大学から誘いがあれば移ってもよいかという気にもなるほどだったが、幸か不幸かどこからも声はかからなかったし、自分から進んでそれを求めるほどの気は起きなかった。

その代わりというわけではなかったが、八二年九月から翌年三月まで内地研究の名目で東大教育学部の寺﨑昌男教授の研究室に世話になったが、これはそれまでの疾風怒濤の生活を離れ、気分転換するよい機会になった。翌八三年の七月に教授に昇任し、その地位に就くことを受け入れたことで改めて大学への責任を自覚するようになった。四六歳になっていて、宮教大勤務も十五年が経ったことになる。

前に書いたように、八四年六月に学長交代があり、新学長から大学院設置準備委員会の副委員長

（委員長は学長）の仕事を託され、学内の業務に復帰することになる。その後は八八年に修士課程設置を果たし、入れ替わるように学生部長の職を兼務することになる。さらに九三年から附属小学校長を兼務、任期三年が終わると附属図書館長を兼務する。それが終わった二〇〇〇年八月に学長に就任する。六十三歳になっていた。定年六十五歳は目前でもうしばらく宮教大の仕事が続くことになった。

この間十五年、管理職として過ごすことになったが、その間はそれ以前の十五年が学内の改革推進に集中したのに対して、それからは管理職としての業務を誠実に果たすことに徹することにした。

一方、歳をとったことから学会や関連協会の公務が回ってくるようになり、できるだけそれを果たすようにした。特に九〇年五月から国立大学協会教員養成制度特別委員会に加わることになったことは大きかった。

国大協は大学を代表する学長の組織だったが、いくつかの分野について学長を責任者として教員委員（後、専門委員）を委嘱して検討・研究を委託していた。奇しくもこの制度の創設には、林竹二が関わっていて、[※1]教員養成分野については早くから委員会が置かれ、研究報告や提言が行われていた。委員は地区ごとに選出され、私は東北地区から選出されることを期待していたが、この地区の委員には東北大学教育学部の教授が占めていて私にはその役目がなかなか回ってこなかった。ようやく私が委員となれたのがこの時からだった。

この委員会は東大教育学部で院生生活を一緒に過ごした山田昇（一九三五〜二〇一一）が長く幹事役を務めて、活動の中心になっていた。[※2]個人的には二人は親しい友人関係にあったが、山田は私が批判した「提言」の執筆者の一人だったから教員養成論になると論敵の関係にあって、会えば必ず議論になった。いよいよそれが公式の場で闘わせられることになったのは私にとっては待望の機会だった。

その後山田は奈良女子大の定年を迎えて委員を辞し、代わって私が委員会を引き継ぎ、国大協の改組に応じて委員会の幕を下ろす役目を果たした。この間の議論や調査活動を通して私の教員養成論を山田にずいぶんと理解してもらえるようになったと思っているが、さらにそれを確認し発展する課題を一緒に果たしたいと考えていた矢先に山田が急逝したのは返すがえすも残念だった。

「在り方懇」との出会い

二〇〇〇（平成一二）年六月二一日、この日の午後に宮教大では学長選挙の二次投票が行われる予定になっていて、私は候補者の一人になっていた。

授業がある日だったので出勤しようと車に乗ったら、車内のラジオのニュースが、文部省（翌〇一年から文部科学省に改組、以下、文科省）は教員養成大学の統廃合を進めるための検討委員会を設置することになったと伝えていた。それが後に「在り方懇」と略称されることになる「国立の教員養成系大学・学部の在り方に関する懇談会」だった。

投票の結果、私は宮教大の次期学長予定者に選出され（八月一日就任）、この懇談会の提案とも密接に関わることになったので、この朝のことを今でも思い出す。

「在り方懇」の設置目的は、前記ラジオニュースのように教員養成学部の「統廃合」とみられていたが、重点はむしろ教員養成大学・学部の体質改善に置かれていると私はみており、その意味でその動向を積極的に支持するつもりでいた。国大協の委員会では、「在り方懇」発足直後に幹事役を務める文科省の教育大学室長を招いて懇談したが、その際室長からは懇談会の検討課題について以下のように説明されたことで、いよいよ我が意を得た思いだった。

・初めに統廃合ありきではない。しかしタブーとしないで議論したい。

・大事なことは、学部で六～七割を占める教科専門の教員の意識改革で、どうやって教員養成に寄与するようにできるかだ。

・新課程の整理が大事だ。教員養成に役立つというのなら教員養成課程に組み込めばよい。

実は旧文部省は教員養成政策で、取り返しのつかない失策をしていた。それは一九六一（昭和三六）年の「国立教員養成大学・学部の今後の整備に関する調査研究会議報告」で、教員養成学部の中に教員以外の職業分野への進出を想定した課程等の設置を認めることにしたことである。当時それは教員免許を取らない「ゼロ免課程」と呼ばれたが、間もなく学生に不評だったことから免許課程も置けるようにして「新課程」と称するようになり、それが長年続いていた。この「新課程」は教員養成大学・学部から大歓迎され、この平成一二年度までに新構想教育大とされた三大学と群馬大を除いてすべての教員養成大学・学部に設置され、教員養成課程と新課程の比率は六対四になっていた。

教員養成は大事だ、とその改革に熱中したはずの宮教大ですら九六年に生涯教育総合課程を設置し、仲間入りしている。今でも忘れられないのはその設置を最終的に決める教授会で、反対の意思表明をしたのが私一人だったことである。

教員養成政策の策定には常に量と質の面があり、「新課程」政策は表面的には教員供給過剰への対策だったが、それが大学にいる教員たちの「脱教員養成」待望意識に火をつけることになった。私が宮教大の教員になってからのことだったが、当時この政策推進に携わった文部省の担当者が思わず、「（教員養成大学の教員たちが）こんなに教員養成嫌いだったとは思わなかった」と慨嘆したというエピソードを耳にすることになった。

第二章で、私が「「提言」を斬る」で教員養成大学・学部は教員養成の質的充実に力を注ぐべきだと提言して学会的に孤立したことを書いたが、それはまさに〝むべなるかな〟であったのだろう。医学部が医師養成以外の領域をつくろうなどと考えるわけがない。こういうところに教育学部の悲喜劇がある。

先の話になるが私は宮教大の学長になり、ぜひ自分の所の新課程を廃止し、教員養成課程に一本化したいと考え、教授会に諮ることにした。やや朝令暮改の気味があり、批判覚悟だったが思いのほか簡単に承認された。それどころか何人かに、面と向かって感謝されるのだった。宮教大の場合は小規模なので新課程を設けてもそれに専念できる教員を置く余裕はない、仕方なく全員が両課程を担当しなければならなくなる。それはやがて無理が生じることになる。それを解消してくれたという感謝だった。

「三大学連絡会議」のこと

「在り方懇」のもう一つの面、教員養成課程の統廃合は国立大学の法人化への動向とからんで、〇一年七月ごろから翌年度の概算要求に向けて文科省ヒアリングが行われることに符合して各地で検討が始まった。そこへ向けて、「在り方懇」は最終報告書を示し、教員養成課程の統廃合の方式を提示した。

報告書は「再編・統合後の基本的な枠組み」で、「教員養成課程の一万人体制の中で、教員養成課程を担当する大学（以下、教員養成担当大学）と教員養成学部がなくなる大学（以下、一般大学）とで、これまで担ってきた役割を分担し、夫々の大学が個性や特色を発揮していけるようにすることを基本とすべきである。」として、その担う機能を詳しく説明した。

今からみればこうした機能分化が実現するには相当に無理があることが自明だろうが、その当時は各大学とも自校の教員養成課程をどうするかを本気で考え、近隣大学との協議に臨むことになったのである。それは「在り方懇」報告書の力というより、国立大学法人化のプレッシャーの方が大きかっただろう。

私は宮教大は単科の教員養成大学であるから、当然「教員養成担当大学」となり、さらに「ブロック教員養成における拠点校の役割を果たす」という方針を固め、執行部内の了解を得ていたので、近隣大学との協議もその方針で臨むことにした。私のなかでは選択肢も迷いもなかったが、学長が私でなかったらどうだったか、私の前後の学長の言動をみるとき必ずしもそういう方向には行かなかったかもしれないと、時々思ったりする。

宮教大は立地上、山形大学、福島大学との三大学との協議となり、二〇〇一年後半の学長や教育学部長間の立ち話や懇談を経て「（南東北）三大学連絡会議」が立ち上げられる。宮教大の教授会がその設置を承認したのが〇二年一月三〇日で、ほぼその頃に他の大学も正式承認をしている。

マスコミの関心はどこが担当大学になり、どこが教員養成を止めるのかに集中し、しきりにそれを訊きに来た。自宅にまで取材記者がやって来たのは、後にも先にもこの時だけである。私は誰にどう訊かれても宮教大は教員養成を頑張る、それ以外の選択肢はないと言い続けた。

〇二年に入って二月に宮教大が当番で連絡会議を開催し、翌月山形大で、四月に福島大で開催し、このとき宮教大を担当大学として「想定」し今後協議する、という中間的な結論になり、次回は山大主管で五月開催が約された。しかし、その時期が近づくと山形大学長は開催時期の延期を申し出て、以後は「もうちょっと待って」を繰り返し、（ふざけた言い方を許してもらえば今日に至るまで）その状態が続いている。後に聞こえてきたのは山形県内の教育現場から教員養成の廃止に強い反対の声が起きて、大学は対処に困惑して会議をもてなかったということだった。

福島大は教員採用状況に優れた成果を挙げていたが、工学系学部新設の課題との関係で、「一般大学」とする方針を表明していたが、この間の事情等は学長だった臼井嘉一（一九四五〜二〇一三）が著書で詳述している。[※3]

私自身にとっては、「三大学連絡会議」をどうするというより、課題は、どういう状況になっても対応できるように宮教大の教員養成体制をしっかりと作り直しておくことだと考え、兼ねてから取り組んできた地域連携を確かなものにするため宮城県教育委員会、仙台市教育委員会と協定を結んでおくことを進めた。[※4] 特に職員の中に私の意を体してそのことに注力してくれる者もあって、この期間に実現する。前に記した、新課程である生涯教育総合課程の廃止、教員養成課程への組み込み措置と合わせて、「在り方懇」と「法人化」圧力の下、宮教大の教員養成課程の基盤を整備することができたのである。

注

1 林竹二は国大協の体質についてかねて批判的であったが、一九六九年一二月の第四十五回総会で抗議のため退席する。一般紙にも報じられ、話題になったが、その後国大協に教員委員による委員会が設けられることになる（その経緯等については林竹二『学ぶということ』一九七八年、参照）。

2 国大協教員養成特別委員会の歩みについては山田昇『国立大学協会 教員養成制度特別委員会小史』（大空社、一九九八年）参照、山田昇氏との交流については拙稿「同学としての交友五十有余年を憶う」（『山田昇先生追悼』二〇一二年、所収）

3 臼井嘉一『開放制目的教員養成論の探究』二〇一〇年　学文社

4 二〇〇二年三月両委員会と連携協力に関する覚書に調印。さらに私の在任中に気仙沼市教委（〇六・三）、岩沼市教委（〇六・五）と同様の覚書を締結。

第二章

教員養成部会に加わる

情勢、動く

私はジダイ社『SYNAPSE（シナプス）』誌五一号（二〇一六年六・七月合併）の巻頭言に「教員免許はなぜこんなに安易なものになってしまったのか」を書いたことがある。その中で現行の教員免許制度の生みの親とされる玖村敏雄が関係法令の施行に当たって書いた解説の一節を引用したが、そこには次のようなことが述べられていた。

「若し余りにも実力のない者に易々と免許状を出すような大学があるとすれば、そういう大学の卒業者は次第に信用と尊敬を失って終に自ら立つ能わざるに至るであろう。民主社会においてはこのような淘汰が行われるところに、かえって学校の自主的良心的な経営が促進される。[※1]」

大事なことは、戦後教員養成の理念として謳われる「大学における教員養成」と「開放制」は、こうした大学自身の自浄能力とその努力が前提になっていたことである。現実はそれとはまったく異なる方向に進行してしまった。それは私立大学に限ったことではなく、国立大学においても同様だったことは、第一章の「私が取得した教員免許」で示した通りである。

教員養成学部には小学校教員養成領域があり、ここではそう安易に専門科目で代替えできなかった分、教育実践を志向する芽が生まれつつあったが、時代の趨勢から大きく離れることはできなかった。

そしてもう一つ大事なポイントは、旧文部省における教員養成政策もこうした傾向を抜本的に改革することは出来ないできたことである。制度的には一九五三（昭和二八）年に教員免許法を改正して課程認定の仕組みを導入したが、大勢を覆すには至らないまま、新免許制度施行から約五十年がこのようにして過ぎて行った。

流れに変化が生まれたのは、当時の教員養成政策・行政における諮問機関だった教育職員養成審議会（以下、教養審）の一九九七（平成九）年答申「新たな時代に向けた教員養成の改善方策について」からだった。これを第一次答申として翌年第二次答申「修士課程を積極的に活用した教員養成のあり方について」があり、さらにその翌年に第三次答申「養成と採用・研修との連携の円滑化について」が出され、長年惰性に任されていた戦後教員養成政策・行政が転機を迎える。すでに述べた「在り方懇」の設置と報告はこれに続くものだった。

教員養成部会

こうした情勢の変化は私に文部行政を身近なものに感じさせるようになり、さらに教養審や在り方懇に自分と同世代で、個人的にも親しくしていた複数の友人が加わっているのをみて、自分もその教員養成改革の動向に加わりたいという思いを強くするようになった。

それが実現したのが、二〇〇三（平成一五）年のことで、三月五日付で中央教育審議会（以下、中教審）初等中等教育分科会専門委員に就任し、教員養成部会に所属することになった。

後で知ったことだったが、二〇〇一年から諮問機関がすべて中教審に統合されていて、教養審は消滅していた。代わって初等中等教育分科会（以下、初中分科会）の下に教員養成部会が設けられる体制になっていた。

中教審には正委員、臨時委員、専門委員の区別があり、答申の具体を作成し、また許認可の実務に当たるのは後二者の委員の仕事になる。私は二〇〇五年からは臨時委員となり、二〇一五年三月まで務めたが、専門委員から始まったこの十二年間に及ぶ実務の課業に加わったことで、より一層教員養成の現場を知ることができ、一大学を越える教員養成改革の課題に関わる経験をもつことができた。

その課業の主なものは次の四点になる。

① 課程認定の原案を作成し中教審に送る
② 教員養成課程を実地視察し、報告書を作成する
③ 文科大臣から中教審が諮問された課題について答申案の具体を作成する
④ その他、教員養成の実務に関する事項。例えば小学校教員資格認定試験の検討など

課程認定と実地視察

課程認定の審査は国による許認可事項に属し、免許課程の設置が認められるかどうかはその学科などの学生募集を左右し、また学生の就職動向にも関わる重大な事態につながる場合もある。また、担当教員の個別審査も含まれていることから、その大学でのその後の教員処遇とも関わることとして注目されることになる。

私自身は長く国立の教員養成大学で過ごし、教育原理関係の科目を担当していたので自分の専門と担当科目との間のずれなど意識することもなく、実際のところ、教員免許に関わる審査があること自体をほとんど意識することもなかった。それだけに課程認定審査をめぐる大学教員の意識などには思

い及ばなかった。

課程認定の審査実務に携わるようになって、こうした大学教員の課程認定に対する認識や意識をいやでも意識させられるようになった。しかもそれが多くの場合、大学の自治、ひいては学問の自由にも関わる事態であるとの言説になってしまうことに戸惑いとある種の憤りを覚えさせられたのだった。※2

私は、課程認定とは大学教育の中の教員養成の部分、しかも免許状授与の可否に関わる面での審査であり、力量ある教員の養成を実現し、学校の教育活動を活性化することにつながるという意味では大事なものであるが、一方ではそれだけのこととも考えたのである。したがって審査に加わることはその限りでの行為だと認識していた。また、免許の背景には学校で学ぶ個々の児童生徒がいるのだと考えることにした。私の在任中大学関係者の間で、課程認定審査が厳しくなったとの声があり、私はその〝元凶〟の一人と目されることになったが、それは私が課程認定審査は間接的ではあるが、日本の子どもたちの勉強に繋がる仕事なのだと考え、決しておざなりにしてよいものではないと考えて務めた結果だった。

課程認定委員会の作業は、基本的に覆面委員による書類審査で、私が加わった時には委員の数も数名と小規模だった。しかし実際に審査する書類は膨大で、中会議室の壁際をぎっしり埋めているファイルの列を見るのはかなりのプレッシャーになる。これではどうしても委員の熱意云々以前に審査は形式的なものになってしまう。形式的なものになるということは、審査が甘くなるということでもある。

私の在任中には、審査が実質的になるような改善のいくつかが実現している。

①委員の増員　現在では三十人を超える委員となっている

②提出書類の改善　審査のポイントが明示されるようになる。特に申請している学科などと免許の種類の相当性はしっかり説明する文書を添付するようになる

③面接審査の導入　書類上に重大な疑義がある場合や新しい試みが提案されている場合などでは、それを直接説明してもらう機会を設けるようになる

実地視察の正式名称は教職課程大学等実地視察で、目的は課程認定を受けて現に教員養成を実施している大学等について認定時の課程の水準が維持され、その向上に努力しているかどうかを確認することで、毎年度視察の結果は報告書として公表されている。大学「等」となっているのは短期大学を含むからで、さらに「指定養成機関」として特定の専門学校も加えてあるからである。視察には教員養成部会の委員を中心に必ず複数で当たることになっている。

私はできるかぎりこの視察に参加するように努力し、在任中、私の手控えを見直してみたら、五十四大学等の視察に参加している。この間は二つの大学の学長を務めていたので、遠地の大学に出向くのは過重労働だったが、教員養成の実態に触れることはまたとない機会なので、出来る限り参加するようにした。

この中には短大はもちろん専門学校も四校含まれている。それまで専門学校が課程認定を受けているとは想定していなかったが、特定の専門学校数校が認定されていることを知る。さらにその場合近隣の四年制大学で課程認定を受けている大学が指導校となって指導するという体制になっていること

も知ったが、現実にはそれは有名無実になり、指導校となっている大学側はそれをまったく自覚しておらず、専門学校での教員養成が事実上野放しになっていることを知って驚く。さらに通信教育を利用すれば、専門学校での教員免許資格の取得が数校に限定されないで拡大する危険性を孕んでいることも知ることになる。

こういうことは実地視察でもなければ知り得ない現実で、戦後教員養成体制のもろさを実感させられたのだった。

実地視察は論理的には課程認定の延長線上にあり、実際上はありえないことだが規則上は認定の取り消し措置も含んだ課業になるので、視察に当たった大学等は緊張して委員を迎えることになる。しかし、私自身は許認可を離れて、その大学等の教員養成の教育が充実するように助言をするように努力したつもりである。

中教審答申の原案作成作業に参加

教員養成部会に参加していた期間に中教審答申に関わることができたのは、次の二回だった。

(A)「今後の教員養成・免許制度の在り方について」(二〇〇六年七月一一日答申)

(B)「教職生活の全体を通じた教員の資質能力の総合的な向上方策について」(二〇一二年八月二八日答申)

(A)の作成実務では教員養成部会専門職ワーキンググループ(以下、WGと略記)に加わり、主査を務め、(B)では教員の資質能力向上特別部会基本制度WGで座長を務めた。

専門職WGの課題は、すでに発足している専門職大学院制度を教員養成に活用するとすればどのようになるか、その制度設計をすることであったが、結果的には教職大学院の発足が実現することになった。ちなみにAで並行して教員免許制度WGが設置され、主査には長年の友人だった野村新氏（大分大学学長）が就いて、教員免許更新制の導入に苦労されたのだった。両WGは基本的には独立して審議がされたが、かなり頻繁に教員養成部会が開かれ、進捗状況を報告し、議論もされたので私自身には免許更新制導入への責任もあると思っている。

このような実務委員会に加わるのは特に希望によるのではなく、選任されるものなのだが、私は専門職WGに加わることになったのはうれしかった。実は「教員のための大学院」は、宮教大発足当初に課題となったもので、林竹二学長はそのことに熱意をもって推進したが、時があまりに早く、しかも当時の宮教大にとっては身に余る課題で、ひとまず「現職教育講座」の開設にとどめた経緯があった。WGで三十数年前の林竹二のことや現職教育講座のことを思い出しながら検討に加わったのだった。※3

さて、教職大学院は平成二〇年度にすでに発足し、普及には一時停滞がみられたが、今では五十四校（平成三〇年度、以下同）、入学定員千四百九人、入学者千三百七十八人（現職教員六百六十九、新卒七百二）、充足率九七・二%となって、ひとまず安定した制度になったと言ってもよさそうである。今さら制度設計を解説する必要はなさそうなので、ここでは当時私個人が考えたこと、託したいと思いながら実現しなかったこと、違ったものになってしまったことについて述べておくことにしよう。

（a）教職大学院で受け入れる院生は現職教員を中心とするのは当然の出発点だったが、新卒学生

（ストレートマスター）も受け入れるのか、受け入れるとすればどの程度か、が重要な課題だった。私個人は純粋に現職教員に限定すべしという意見だった。もちろん他にもその主張を堅持する委員はいた。WGの検討のかなり後半で、私立大学の方から新卒学生の受け入れを認めないのであれば制度そのものに反対する、という見解が寄せられ、やむを得ず両方を受け入れる制度となった。

（b）答申には教職大学院のカリキュラムについて、補論や参考資料でそうとうに詳しく論じ、具体例まで提示した。その中では「理論と実践の架橋・往還」を強調したが、教職系の科目についてのみ考えていたきらいがあり、教科専門との架橋・融合を考えていなかった点は大きな反省点になっている。原因はそこまでの余裕がなかったことに尽きる。

（c）「学校における実習」を必修化し、カリキュラムの中核に据えるようにしたが、これが学部段階における教育実習と紛らわしくなり、あるいはその延長でよいのだという誤解を生じさせてしまった。本来の趣旨からすれば「実践（的）研究」とか「実験（的）研究」と明確化しておくべきだった。現在福井大学教職大学院で実施されているようなものをしっかり描けていなかったことを悔やんでいる。

教員養成の修士レベル化

Bの課題は二〇一〇（平成二二）年六月に諮問されたものに対する答申だったが、この期間はまさに民主党政権の期間だった。WGではひょっとすると教員養成の抜本的改革が可能なのではないかという思いに支えられて検討を進めたが、半ば過ぎてからは政治状況をみるにそれはとうてい叶わないこととわかり、ともかく検討結果を報告して後世の参考にしようと考えるようになった答申だった。

この諮問に関わる審議には、常設の教員養成部会ではなく別に教員の資質能力向上特別部会が設けられた。当時、なぜそうするかの説明はあったと思うが今では記憶していないし、文字にもなっていないようだ。教員養成部会に属している教育学関係の委員はほとんど特別部会に加わったので、その違いをあまり意識しなかったのだと思う。

また、特別部会ではすぐにWGを設けて具体的な検討に入るという方式をとらず、特別部会での全員討議が続いた。部会の第一回会議が開かれたのが平成二二年六月二九日、そして基本制度WGが発足したのが翌年七月二二日で、この間十回の全体会が開催されている。

部会の委員は三十人を越す顔ぶれだったのと、しかもどちらかと言うと自由討議が中心だったので課題が焦点化されることもなく時間が過ぎたように記憶している。

今から思うと全員討議に時間をかけていたのは、文科省の執行部が政権交代の行く末をみながら答申作成のタイミングを計っていたからだろうと推測する。

一方、WGは十人程度と少数の委員構成で、学校教育と教員養成の現場が長い委員によって構成され、私も座長に選ばれたので、ここではかなり集中して議論ができたと記憶している。

かなり詰めて議論したのは、教員の基礎資格を修士課程修了に置いたらどうか、という課題で、このことを「修士レベル化」と呼んだ。これはすでに発足していた教職大学院を教員養成の中核に据えようという構想だった。

これからの学校現場はさらに多様化、複雑化、高度化することが想定され、そこでは子ども自身が自らの主体的な関心に基づいて課題を探求していく新しい学習の場が実現しなければならないはずであり、とすればそれを指導する教員も基礎的・基本的な知識・技能や汎用的能力を身に付けた上で、自ら課題を設定して問題を追及する大学院レベルでの研究・研修体験が必要となるだろう、という考えのもとで教員免許の在り方を検討してみたのである。

さらに検討の過程で教育職員免許法（教免法）があまりに複雑、煩雑になっていて、専門外の人間には簡単に理解できず、活用できないものになっていることが話題になり、ぜひ抜本的改善を提案しようということになったが、答申には明記できなかったことをここで記しておきたい。

注

1 玖村敏雄『教育職員免許法同法施行法解説（法律篇）』一九四九年 一八〜九頁

2 大学教員の間では教職課程の審査に対する批判や不満が根強くあるが、それはたいていは口頭にとどまる。朝日新聞二〇一七年八月二日号の「声」欄には「教職課程審査 強まる行政関与」と題する投稿が掲載されている。それは自身が担当する科目が認められなかったことに対する不満と批判で、結論として「理不尽さを感じながらも認可のため、教員たちは担当科目について、文科省の意に沿う幅広い業績づくりに励まざるを得ない。こんな状況は、学問を究める大学としても学生にとっても不幸と思う。」と締めくくられている。

3 林竹二『学ぶということ』（国土新書、一九七八年）の「Ⅲ大学院の問題」を参照。

第三章

教員免許「国家試験制」の提唱

問題はどこにあるか

教育職員免許（以下、教員免許）は、教育職員免許法によって国家資格の一つとして確立している。そして公的な学校、これは普通「一条校」と呼ばれるように、学校教育法に規定される学校を指すが、そこの教員となるためには例外なく所持しなければならない資格となっている。さらに違反した場合には、偽って教員になった者もそれを知っていて雇用した側も刑事罰が科される。

これほど重要で厳格な対応が求められるものでありながら、その授与／取得の過程に問題はないか、安易なものになってしまっているのではないか、という疑いが教員の資質能力の問題にからんでしばしば提起されてきた。私もその一人だった。

現行制度では、教員免許状は国が設定する基準に沿って認定された大学・短期大学などに置かれた教職課程を履修し、その大学の履修証明に基づいて個人が申請すれば、都道府県教育委員会が授与する仕組みになっている。そして普通免許状は全国に通用する。

問題は免許取得希望者について資質能力の角度からのチェックがどこで行われているかである。

ここで重要なことは、大学が免許取得希望者に発行する「履修証明」がどのようなものか、ということである。免許法ではこれは「学力に関する証明書」とされているが、二〇〇九（平成二一）年四月からそう呼ばれるようになったもので、それ以前は一般には「単位修得証明書」とされていたものである。[※1]

「学力に関する証明書」と「単位修得証明書」では、部分的に重なるが本質的には違うものとみなければならない。しかし、現在、つまり制度変更後も大学関係者の間では「単位修得証明書」でよいと理解され、教育委員会側もそれを追認している。

これは教員資格を認定することが大学側に一任されていることを意味し、さらにこの仕組みにおいて、大学側は単位取得状況を確認するだけで、その実質を問うことはしてこなかったし、現在もその点では大きな改善はできていない。※2

古くて新しい課題

私は勤務する大学における教職課程の充実に力を尽くすとともに、国の制度の改革にも提言する努力を続けてきた。しかし、本書の各所で触れているように、全国の大学の教職課程の実地視察の中でつぶさに見聞するその実情に大きな危惧を抱き、「教員免許が大学経営の〝食い物〟になっているのではないか、これは日本の子どもにとって不幸な事態だ」との思いを募らせてきた。何かしっかり解決に向かう手立てはないかを思案している時に浮かんだのは「国家試験」採用論だった。

十文字大に勤務するようになって、管理栄養士や介護福祉士などの資格取得に国家試験制度が適用されていて、学生たちがその合格を目指して懸命に努力する姿をみるようになる。宮教大時代に接していた教員採用試験への学生たちの対応ぶりとは違うものを感じ、国家試験というものにそれまでとはちがう距離感になったことも影響していることを付言しておきたい。

こうして私は『日本教育新聞』の二〇一一年九月五日号（第五八四四号）の「直言 学校が変わる」という連載欄に、「教員免許は国家試験で」を執筆して掲載された。「教師力の向上」がテーマの連載の第一回だった。

同紙の記者から「思い切った提案をして下さい」という誘いがあって筆を執ったのだったが、Ⅱ部第一章にも書いたように、当時私は中教審の教員の資質能力向上部会の一員に選ばれ、さらに基本制度WGの座長に就任していた。長年考え続け、議論にも加わってきた教員の資質能力向上策について、有効な提案を残しておく絶好の機会がめぐってきたという思いが強くあった。

そうは言っても、このWGなどで教員免許授与／取得に国家試験をという課題は話題として出されることはあったが、真剣な議論の対象になっていたわけではない。その点ではこの稿はまったく私個人の見解の披歴にとどまるものだった。

教員免許の授与／取得を国家試験によることとする制度の可否は古くて新しい課題であるが、近年に限ってはほとんど論じられることがなくなっていたテーマだった。さらに私がその採用に向けてその思いを強めたのには、戦後教員養成改革の実相に対する関係学会などで常識とされている見方への疑念を持ち続けてきたことがあった。

戦後教員養成の三原則、大学における教員養成、開放制、学芸による養成は、私の世代にはすでに絶対的なものとして伝えられているが、実はそれは違うのではないか、あくまでも相対的なものに過ぎず、選択されたものでしかなかったのではないか、と思い続けてきた。

あらためて自分なりに教育刷新委員会（教刷委）の議論やそれを受けての教育職員免許法の立法過程などを勉強し直して、さらに一九五八年中教審答申に対する反対論を振り返ってみることをしてみて、そこにあるのは守旧派（師範学校養護）対改革派の対立ではなく、むしろ学問派と教育派の対立とみる方が妥当なのではないかと考えるようになった。戦後教員養成制度は前者（学問派）の勝利の産物であるにしても、その比はせいぜい六対四程度のものであり、前者の立論もひとまずの仮説的なものだったことを読み取ったのだった。

そして仮説的なものを絶対的なものにしてしまったのが、五八年答申への反対闘争であり、そこで生まれたイデオロギーが「戦後教員養成の三原則」だったのだという思いを強くしたのである。

さらに教刷委から立法の過程において、教員免許の授与／取得における国家試験採用はそれなりに有力な手段として擬されていたこと、隠された重要テーマだったことも知った。教育派の有力な担い手だった城戸幡太郎が議論において国家試験の採用を提言していることなども私に印象的であり、心強いものになった。

さらに決定的だったのは、教員免許法の立法過程の最も有力に担い手で、「免許法の父」とされる玖村敏雄が以下のように書き残していることは、我々は本気でこの問題に取り組む必要性を示していると考えさせられた。

玖村敏雄が書き残したものの引用は、本書でも一部引用した（二八～九頁）が、重要なのでさらに引用する。

新しい「免許制度はまったく単純化せられ、開放的になったとい丶得る」と述べた上で、こう続けている。

「このような制度については一つの欠陥があることは見のがせない。即ちすべての大学の卒業者に一定単位の履修を主なる条件として免許状を授与するときは学校差が無視される。甲の大学において下位の成績で卒業した者の実力は乙の大学の優等卒業生よりも上位にあることは決して珍しいことではない。旧制度下においてはこの学校差が現実に存在することにもとづいての規定があったのであるが、それを判定する尺度が合理的に客観的に基準化されなかったので、色々と批判をうけたわけである。そこで新しい制度の行き方には二つの道があり得るのである。一は国家試験制、二は無試験選択制である。前者については種々の事情から直ちに実施しがたいので、やむなく後者によることになったのが本法である。」として、以下第二章での引用に続くのである。※3

これを私は現行制度を絶対的なものとするのではなく、相対的で、選択されたものに過ぎないとするのが妥当とみている。しかも、その相対の相方が「国家試験制」となっていることにはもっと注目しなければならないだろうと考えた。

提唱への反応

『日本教育新聞』紙上での私の提唱に対する反応には、A．反対である又は慎重にすべし、というのとB賛成できる、実施に向けて進めるべし、という立場に分かれた。

Aで多いのは免許取得が難しくなるので困る、という反応である。当時勤務していた十文字大で、同僚の一人がこのことを話題にしたときそばにいた学生複数が「いやだあ、困る」と大きな声で叫んだのは印象的で、今でもよく思い出す。公言されることはほとんどないが、私立大学関係者など本音もこれと同じものだとみてよいだろう。

しかし、そのときは「国家試験」化は少し話題になったが、実施に向けての課題として論じられるまでにはならなかった。それが一歩進んだのは、自民党の教育再生実行会議の第五次提言（二〇一四年七月）に取り入れられたことが契機となった。そして政治的課題となると当然、「国家統制強化」反対、危惧するという意見が強く出されるようになる。

『産経新聞』（二〇一五・六・一九）の「金曜討論」欄がこの問題で両論併記の意見を載せたが、私が国家試験を採用することは「（学生に）勉強させるための関門」であることを力説していることに対し、宇佐美忠雄氏（実践女子大教授）は「筆記試験より『人間力』測れ」と主張され、「大学の養成課程では、採用試験の受験対策講座が増えていくだろう。受験テクニックにたけた学生が採用されやすい制度になる可能性がある。」と危惧を述べている。

同じ頃の二〇一五年六月四日、教員採用試験受験生向けの雑誌を主宰する協同出版が創基八十周年記念として「小中一貫教育を担う今後の教員養成の在り方」をテーマに大規模なセミナーを開催し、提案者の一人として招かれたことがあり、私は「なぜ教員免許は『勉強』しなくとも手に入るものになってしまったのか、どうすれば改善できるか」を提案し、その中で国家試験の採用を提言したが、そういう関心を示したのは私一人で、さらに提案者として同席していた文科省の幹部の一人からは強い抑制発言もあり、まったく議論の俎上に上ることにはならなかった。

この頃になると私にはこの課題を推し進めるのには「政治」と関わらなければならないことなのだということが身に染みて分かってきて、もともと「政治」には関わる気がなかったので、この問題への関与はこれで仕舞いにしようと思い定めることにしたのだった。

しかし、いつかは誰かが本気で取り組まなければならない課題であるということだけは付言しておきたい。

「小学校教員資格認定試験」始末

国家試験とは別の事柄であるが、ことのついでに小学校教員資格認定試験に関わったことも書いておくことにする。

この件は一九七三年に教育職員免許法の一部改正によって設定され、文部省から東京学芸、愛知教育、大阪教育、福岡教育、宮城教育の各教育大にその実施が委託されたことで始まったものである。小学校教員志望者不足に対応するということが大義名分になっていたが、実情についてはまだ世の中に通じていなかった私の知るところではなかった。各教育大学では委託を受けるかどうか、どんな議論がされたのか知らないが、宮教大では教員は大学で養成するという名分に反するかもしれないが、むしろ門戸を開放することに意義がある、として受託したのだった。実施責任者になる学生部長の菅野正教授は、当時実施受託についての見解を出しているが、そこには「(この制度には)人材発掘と表裏の関係で、安あがり教員養成というような問題を内在させている。だから、この制度を生かすか殺すかは実施大学の主体性にかかっている」と、いかにも宮教大らしい物言いがみられる。※4

その後この試験は統一問題を作成することになり、教育大だけでなく各教育学部も参加するようになる。しかし、宮教大だけは独自性を主張してこれには参加せず、しばらく独自問題で試験を実施したが、そんなに長い期間が経たないうちに離脱することになったと記憶している。

この件では同僚の教員で熱心に対応するものがあり、私はあまり関係しないままに推移してしまったので、今となっては記憶があいまいである。

ずいぶん経って教員養成部会の一員になってまだこの試験が実施されていて、当事者から試験問題の作成の負担が大きいという訴えを聞くことになる。それで部会に提起してその廃止を提言に盛り込むことになったが、またしばらくしてそれでもまだ続いていることを聞かされ、責任上試験の実施委員会に加わることにしたが、やがてこれを現在の教職員支援機構の業務に移すことが実現して安堵し、それがこれから先には教員免許の国家試験制に道を開くことの一助になることも願ったのだった。

注

1 この件については、小野勝士ほか『大学の教員免許業務Q&A』(玉川大学出版部、二〇一四年)に解説があり、参考になる。ただ、二〇〇九年の制度変更を実務上の都合としているのはいかがなものか。平成一八年中教審答申は教員免許更新制の導入と教職大学院の設置を扱った重要な答申だったが、背景に教員の資質能力向上を図ることが意図されていて、この実務的変更もそこから発生していることに注意しておいてほしい。

2 平成一八年中教審答申では「教職実践演習」の新設・必修化を提案し、実現している。この演習科目は学部教育の最終年度の後期に設けられ、学生がそれまでに履修して来た教職科目を振り返り、そこで自身がどのような学び、どのような成果を挙げているかを演習の中で相互に点検し、演習の単位認定によって教員免許の質保証を実現しようという試みである。しかし、残念ながら現実は授与/取得の過程の本格的な改善には程遠い。この試みの提唱に加わった一人として、蟷螂の斧の思いでいる。

3 玖村敏雄『教育職員免許法・同法施行法解説（法律篇）』一九四九年 一八～九頁
4 宮城教育大学『宮城教育大学十年史資料集（下）』一九七七年 三七九頁

第四章

教員養成専門大学の必要性と可能性

「教師の教師になる」

一九六〇（昭和三五）年に教育学部を卒業して大学院に進学し、卒論の指導教官だった大田堯について院生生活に入ることになる。修士課程は当時まだ文学部と共同して運営されていたので、人文科学研究科教育学専門課程に所属するかたちになった。二年後、博士課程に進学したときは教育科学研究科となっていたので、戦後東大教育学部の大学院が人文科学研究科となっていた最後から二番目の学年だったことになる。すでに実態は教育学部の大学院として自立する段階になっていて、文学部出講の科目はほとんど履修することはなかった。修士課程を終えると、他学科ではマスコミ関係の職に就くケースがあったようだが、私が所属した教育学専攻ではほとんど博士課程に進学した。

博士課程、通称ドクターコースでは個々の院生は三つの課題を背負うことになる。一つは生活の自立を果たすようにすること、二つ目は博士論文の作成を念頭に置きながら研究課題を設定すること、三つ目が研究職に就く準備を始めることだった。

もうこの段階になると院生間に年齢的にも差があり、生活環境もさまざまだったので、各自が努力することしかなかったが、私は運よく教育学研究科で一人だけが採用される「ＰＤＦ」と呼ばれた大型の奨学金が支給される奨学生に採用され、さらには大学院の先輩になる稲垣忠彦が誘ってくれて国民教育研究所の有給の研究委員にも採用され、家庭教師のようなバイトはしないで済んだのは幸運だった。

研究職への就職は当時大変な難関で、その後にはポスドク問題として社会的にも取り上げられることになるが、当時はあくまで個人が自分で対処する課題だった。教育学部内でも学科により困難度にはずいぶん差があり、教育心理学科や後に教育社会学科になる専攻では比較的楽だったと見えたが、私が所属した教育学科は最悪だった。私の上の年次の先輩が博士課程三年次を終えてなお二年間は院生を続ける、通称オーバードクターとなってたくさん残っていて、さらにそれも終わって無職生活に入っている先輩も複数いるような状況で、おいそれと自立した研究職に就くことは望めなかった。私も当然のこととしてオーバードクターの道に入った。その頃からは、各大学や研究機関が設定する公募に応じるように努力したが、なかなか採用には至らず、自身の適性はともかく大学世界にはびこる学閥の存在をいやというほど見せつけられるのだった。

私の場合で一番可能性があるのが、各地の教員養成学部の教員になる道だったが、それも簡単ではなかった。しかし、私はぜひ教員養成学部の教員になりたいと思った。当時親しくしていたのは一学年上になる山田昇で、ほぼ毎週何日かは院生研究室で会い、研究課題や将来の就職について話し合ったものだった。そういうなかで、私と山田とは教員養成学部の教師となることを「教師の教師になる」とモットー化してよく話し合ったものだった。こういう標語めいたものは上の学年から言い伝わっていたものだったか、山田と私の二人でいいだしたものだったか、今となってははっきり思い出せないが、先行きが展望できない境遇にいて自らを奮い立たせてくれるキャッチフレーズだった。

そうこうする内、先に山田が和歌山大学教育学部へ採用され、私はいよいよ〝五年生〟になり、無職の身を覚悟し始めた時、宮教大の公募があり、早速応募した。東北大からの教員養成課程の分離問題は教員養成問題を超える大学問題のハイライトになっていたが、ようやく終息して宮教大が新大学として再出発することが決まり新しい教員の採用が始まった。学科の先輩になる中森孜郎が体育科教育法のポストに採用になり、新設宮教大の講師になっていた稲垣忠彦は東大教育学部のポストに就くことになり、以前に増して身近な存在になっていた。そうした人間関係から入る情報から、私は宮教大に採用される可能性が十分にあり、また採用されれば十分に活躍できると想定し、その採用を待望することになった。

ところがそれが最終的に決定する前に、所属していた学科の助手が他大学に転出することになり、私がその後任のポストに就くことになった。それは大変な幸運だったが、助手として残るか宮教大に赴任するか、選択の岐路に立つことになった。無い時は無いのに、ある時は二つもうれしいポストが目の前にぶら下がる状況にもなるもので、私は究極の選択を迫られることになった。私はさまざまな状況を考えて、宮教大に行く決心をして宮教大の採用が決まるのを待つことにした。講師のポストへの採用が決まったのは、助手になって半年たった九月のことで、私は助手を辞めて赴任する気になっていたが、周囲がいろいろ配慮してくれて宮教大への赴任は翌年四月からということになった。

教育学部の助手として残り、先々は学術研究の一環として教育学を研究する道も魅力的だったが、私は英語を筆頭に外国語が苦手で、実践と結びつかない教育学と付き合う一生の具体的姿を描くことは出来なかった。「教師の教師になる」のが自分に一番適しているとの確信は変わらなかった。

宮教大に専任教員として採用されたのが一九六八（昭和四三）年四月で、職種は教育学担当の講師だった。年齢は三十一歳で、当時の教授会は講師以上で構成されていたので一番若年だった。そして二〇〇六（平成一八）年七月に学長で退職したので、三十八年をこの大学で過ごしたことになる。年齢は六十九歳になっていた。宮教大一筋と言えば格好がいいのだが、他大学からの誘いもなかったし、自分から積極的に転職の機会を求めもしなかったので結果としてこうなっただけだったとも言える。職場は人間関係で嫌な思いをした時期もあったし、それなりの苦労もあったが、だいたいは住み心地がよく、楽をさせてもらったと思っている。

二種の教員養成学部

国立大学の教育学部には学術系と教員養成系とがあり、さらにこの教員養成系の方には複数学部の大学の教育学部と単科大学の教育学部とがある。宮教大は後者の教育学部だった。採用されるときはもちろん、一般教員でいる間はこうした違いはあまり意識せず、同じ教員養成大学と思って過ごしていたが、管理職を経験する時期からこの二種の違いを意識するようになり、さらには教員養成の教育にとってはこの違いは重要だと思い始めたのだった。

世間一般からすれば国立大の教育学部に学術系と教員養成系があり、さらには教員養成系に単科大のそれと総合大のそれとがあることなど大した問題ではないだろう。受験期の高校生とかその親などが関心を寄せる程度のことにすぎない。最近になるとそれも関心外になっているのかもしれない。しかし、この違いは、たとえれば日本列島の中央構造線のように過去の地殻変動の痕跡を示す重要な指標といってもよいかもしれない。それは戦前の教育体制で、学術研究及び官僚養成と教員、殊に小学校教員の養成とが完全に分離されていたこと、しかし、後者も重要な役割を担っていたことの痕跡であった。こうしたことを考えるためには、戦後の大学における教員養成の変遷をたどる必要があるが、それはそれで大仕事になり、とてもこの紙面では無理なので他日を期したい。

単科教育大は、現在全国に十一校ある。この内、北海道、宮城、東京、愛知、大阪、京都、奈良、福岡の八校は旧帝国大学と高等師範学校があった地の師範学校等が基本となって成立したもので、構成する学部は教育学部のみである。上越、兵庫、鳴門の三校は後に新構想大学として設置されたもので、学校教育学部のみである。東京だけが学芸大学を名乗っているのは成立時に、今は筑波大学となっている東京教育大学があったせいでそれと区別するために学芸を名乗っているわけで、教員養成学部であることには変わらない。余計なことを言うと、筑波大ができてからもう三十年たったので東学大もあらためて「東京教育大」に名称変更してもいいんじゃないですかと学長たちをかまうので嫌がられている。

単科十一教育大もすべての教員養成学部で構成する教育大学協会（教大協）の構成員になっていて、その点全国の教員養成学部と同一歩調をとっている。各地域ブロックでは各県の教育学部長らと地域の協議会を構成しているが、その一方国大協のレベルでは十一教育大学長の懇談会をもって独自な課題に取り組むことになっている。同じ教員養成に取り組んでいるにしても、単科教育大と複数学部の大学の教育学部とでは微妙な違いが生じることが多い。私自身がその課題を意識するようになったのは、大学で管理職を務めるようになってからで、特に学長を務めるようになってから強く意識するようになり、単科教育大が果たすべき役割を考えるようになった。

複数学部の大学における教育学部と単科大の教育学部との違い、それぞれの役割が強く意識されたのは、国立の教員養成系大学学部の在り方の再検討を進めようとした、いわゆる「在り方懇」の審議過程でだった。この懇談会は二〇〇〇（平成一二）年の八月から始まり、翌年一一月に最終報告書で審議結果を報告している。私はまさにこの時期に宮教大の学長に就任していて、この懇談会の委員ではなかったが、委員や文部省（当時）の担当官の何人かとは知り合いで審議過程やその結果に意見を求められることもあった。

この懇談会では、国立の教員養成学部の統合が審議されたが、その中で複数学部の大学の教育学部と単科大学の教育学部との違いが大きな課題になり、各大学でこのことをめぐってさまざまに議論されたものだった。最終報告書は二〇〇一（平成一三）年一一月に出されたが、そこではこの課題をめぐってこんなふうに述べられている。報告書では複数学部をもつ大学を「総合大学」と記し単科大学と区別している。

再編・統合の際、総合大学の学部として再編・統合する方法と単科の教育大学として再編する方法が考えられる。

総合大学の場合には、

・多様な学部の学生と一緒に学んだり交流をもつことを通じて、より幅の広いものの見方・考え方に触れることができること

・教育や教職のあり方を客観的な目で捉える機会がより多くもてること

・他学部との連携により幅のある教育研究の展開が期待できること

などの利点があると考えられる。
他方、単科大学の場合には、
・学生が教職という共通の目的意識をもって学べること
・教育理念や目指す教師像に向かって大学全体での取り組みがしやすいこと
などの利点があると考えられる。

そして実際の再編・統合に当たっては、「教員養成という観点からみれば、いずれかに特定するのは適当でなく、いずれの場合もありうると考えられる。実際上は、現在進められている国立大学の構造改革の一環として再編統合とも密接に関係してくるものであり、各大学の将来構想等も踏まえつつ、個別具体的に検討を行う必要がある。[※1]」として、当時並行して検討されていた国立大学の法人化の課題と併せて検討することを促すかたちで記述されている。

「教育大学」の役割を問う

私は宮教大の学長として福島大、山形大の学長と協働して南東北地区の教員養成の再編統合に取り組んだが、それは実の成果がみられる前に空中分解し、私なりに挫折を味わうことになった。しかし、その過程で単なる数合わせの再編統合ではなく、真の教員養成の活性化のためには単科教育大学が果たすべき役割を考察する必要を感じ、十一教育大学長会議に提議し、「在り方懇」とは別の提案をすることに同意をもらい、大阪教育大学長の中谷彪氏と二人で提議書を書くことになった。その題が「教員養成専門大学の必要性と可能性」だった。中谷氏は東大教育学部で、専攻が少し違っていたが後輩で、私を立ててくれて原案の作成を任せてくれ、私はこの時とばかりずっと考えてきた教員養成大学の在り方を提案に書き上げることにした。

その提案は戦後の教育論において終始否定的ないしは消極論にさらされ続けた「教員養成目的大学」の必要性の強調と現在の教育大学の活性化による「教育大学」を日本の教員養成の中核とする提案だった。

提案文の骨子を書き上げて次の教育大学長会議に提案して議論してもらうつもりで、その文案を中谷氏に送ろうとしていた矢先、大阪教育大学附属池田小学校に暴漢が侵入して包丁で児童八人を刺殺する事件が発生する。二〇〇一年六月八日のことだった。当然、中谷氏は事態に対処することを優先しなければならなくなり、やがて事態の責任を取って職を離れなければならなくなるはずだった。私はこの文書をひとまずお蔵にしまうしかないと考え、しばらくして宮教大のホームページの中に立ち上げていた「学長室から」に掲載しておくことにした。そしてそれは学長退任の折にさまざまな文章を一書にまとめた中に収録することになった。[※2] 池田小学校事件はその後の小学校教育に深刻な影を投ずることになったが、こうして私の「教員養成専門大学」論も日の目を見ることなく終わらせることになったのである。

注

1 文部省教育大学室『今後の国立の教員養成系大学・学部の在り方について――国立の教員養成系大学・学部の在り方に関する懇談会報告書――』（平成一三年一一月二二日、二七頁）

2 横須賀薫『山に在りて――学長六年の記』本の森　二〇〇六年　四〇頁

第五章

私学の教員養成を経験する

十文字学園女子大学へ

二〇〇六年七月で、四年＋二年務めた学長の任期が満了して、宮教大を去ることになった。三十八年四ヶ月勤めたことになり、歳も七十代目前になっていたから、これで自由の身になってもよいと思う一方、もう少し教員養成に関わりたいという気持ちも持続していた。幸い歳をとるほどに健康になってきたのと子どもたちも成人してもう配慮の必要は薄くなってきていたので、仙台を離れてもよいかと思うようになっていた。学長在任中に十文字学園の十文字一夫理事長から声をかけてもらってその気になった。

十文字学園女子大学（以下、十文字大）はそれまで全く縁がなかったし、正直名前も聞いたことも所在地も知らなかった。それでも招きに応じてみようと決めたのは、理事長から新しく小学校教員養成に取り組むことにしているが、すでに決定したスタッフは学校現場経験者から選んだので、ぜひ大学で教員養成を経験してきたキャリアを生かしてそういう人たちを指導する役目に就いてほしい、と言われたからだ。これは私には魅力的な誘いだった。その後規模の大きい大学からの誘いもあったが、その気にはならなかった。

二〇〇七年四月に十文字大の特任教授・学事顧問に就き、人間生活学部児童幼児教育学科児童教育専攻に所属することになった。そして約束の四年が満期になる前に、当時の学長が健康を損ね改革の指揮が取れないということで、学長代行を引き受けざるを得なくなり、東日本大震災直後の二〇一一年四月から学長に就任し、二〇一七年三月まで務め、八十歳代が目前になったこともあり公務からは離れることにした。

こうして思いがけず、十文字大には十年勤務したことになり、私立大学の教員養成をそれなりに経験することになった。

それは私の教師教育論の幅を拡げてくれるものになったと思っている。

私立四大の小学校教員養成課程

戦後長く小学校教員の養成は国立大学教育学部に占有されてきた。私大でも早い時期から取り組んだ、例えば玉川大学、明星大学、佛教大学など、これらの先発組は別として、四年制大学では小学校教員養成には参画できず、手掛けたいところは短大で、という体制が長く続いていた。そして短大でも小学校教員過剰の時期に入るとこの分野からは撤退するところが増える。

国立大はこのような小学校教員養成における優位な体制に甘え、責任をもって対処するという努力を惜しむことになったのは残念なことであった。こういう体制が日本の教員養成をゆがめてきたことの総括はまだ完全には済んでいない。

二〇〇六（平成一八）年に「教員分野に係る大学等の設置又は定員増に関する抑制方針」が廃止され、以後、まさに雨後の筍のように私立大学における小学校教員養成課程の設置が進んだ。その流れは今も続いている。

十文字大は、その後発の小学校課程の典型の一つで、七六年に短大に初等教育学科を設置して小学校教員養成に取り組んだが、九六年には廃止している。そして解禁直後に四大として再挑戦することになったのである。

宮教大の創設時の小学校教員養成課程の定員は百六十（人）だったが、増減を経て現在は百八十八であるのに対して、十文字大では当初は学科内のコースだったのできちんと決まっていなかったが五十前後、次第に増えて現在は九十となっている。

前者は男女共学であるのに対して、後者は女子のみ。よく「違和感ありませんでしたか」と訊かれたが、宮教大でも小学校課程は二対八で女子優位、私のゼミはずっと女子学生が圧倒していたので、その点はまったく違和感もなく宮教大時代が続いている感じだった。

そんなわけで教員養成の仕事としてはずっと継続している気分で対応できたが、仕事を離れた今、両者を比較しながら私立大学での小学校教員養成の問題を考察してみたいと思う。

「小学校」課程の自立

建前として両者とも小学校教員免許の取得が必須とされている点では共通していたが、宮教大ではそれが厳密に実施されていたのに対して、十文字大では実施にはかなり苦労したのが実情だった。それは小学校課程の設置が、先行していた幼稚園課程を基盤にして立ち上げられたため、教員スタッフと学生の意識において小学校課程として自立できるまでそれなりに時間を要することになったからだった。これは中規模の教員養成課程においては多くみられる状況だったはずである。

学生の意識では免許の修得において、小学校と幼稚園とで難易度が違う、前者は困難だという気持ちが強く、何か困難にぶつかると簡単に幼稚園（だけで）いいや、という逃げ道に入ってしまう傾向が強い。これは十文字大に限らず幼稚園課程を基盤にして設置した小学校課程に共通する隘路である。

一方、宮教大に限らず国立大の小学校課程では中学校の特定教科の免許に引きずられ、小学校免許に関わる学修がおざなりになるという難点があった。

どちらにおいても小学校課程が自立するために学生の意識改革が大事になる。それには小学校の教員の仕事がどれほど魅力的かを、あらかじめ示せるかどうかが鍵になる。十文字大ではそれに一定程度成功したが、それは小学校現場出自の教員スタッフの役割が大きかった。また、私のようにそのために三十年力を尽くして来た人間の役割もそれなりにあったと自認している。

この問題の発生は複数免許（複免）取得に根があるので、その克服は免許制度の抜本改革にもつながるほどで、単純にはいかないが、十文字大では幼稚園課程からの自立の過程で特別支援教育の陣容を充実させたことが重要な役割を果たすことになったことを付言しておく。

教員養成の実践性の確立

教員養成課程、特に小学校教員養成の教育に実践性を確立することは重要な課題であるが、実際には思ったほど容易には実現しないものである。スローガン（建前）としてはみんな賛同するのだが、いざ個々の講義やゼミでは自身の専門、それはたいてい大学院で専攻して来た課題の展開に重点が置かれるので、どうしても実践性から遠くなる。また、共通の教育の場をつくって小学校教育の現場との連携を図ろうとしても特定の少数の教員の仕事になってしまいがちで、なかなか拡がらない。宮教大ではその点がずいぶん苦労の種だった。

対して十文字では最初からそれが積極的に取り組まれることになった。それは専任教員の多数が学校現場出自の教員によって占められ、またその人たちは実践性の確立に向けて熱心に取り組んでくれたからである。私の役割は、この人たちにこんなことでは「大学」として恥ずかしいのではないかと、ふときざす疑念に対して「これでいいのだ。『大学』と呼ばれるものの方が間違っているのだ」と説くことだった。

多くの大学の小学校教員養成において現場出自の教員が増えていることは、課程認定や実地視察の場で知らされることで喜ばしいことと思っているが、それが個々の教員が単に自身の現場経験を伝えるだけにとどまっているのは惜しいことだと感じている。組織的に取り組むことが大切である。

一例を挙げると、学生全員参加の夏のキャンプを小学校高学年のそれと想定して実施する場に(私は客員として)参加したことがある。学生たちに実際の小学校教員になったつもりでそれぞれの役割を果たさせるように設定するとさらに生き生きと参加することになるのを目撃し、なるほどと思った。

さらに学生を小学校の現場に積極的に派遣することも重要であることは言うまでもない。十文字大では一年次から希望する者は近隣の小学校にボランティアとして送り出した。授業で指導するのではなく、さまざまな活動のお手伝いをするのが主眼で、それを機会に学生たちは既に知っていたと思っていた小学校を新しく見直し、児童と一緒にさまざまな活動を体験することに喜びを見出し、教員志望をより強くするのである。学校側からも感謝される。

生命線は地域連携

こうした教員養成を学校現場と連携協力して進めることをより確実にし、強力なものにするためには、大学全体が地域と公式に連携・協力する体制が大事になることは、宮教大で経験したことだった。ただそれに力を入れ、実現したのは学長になってからで、実質的な活動の展開をみる前に去ることになったのは残念だった。それで十文字大では早めにその関係をつくるようにしたいと思っていたところ、地元新座市の教育長の金子廣志氏は、かつて斎藤喜博が提唱した授業研究運動に熱心に参加していた人で、三十年ぶりの思いがけない再会のおかげで、急速に協力・連携関係が構築されるようになる。幸運なことだった。

十文字大では小学校教員養成のほかに幼児保育・教育、栄養、福祉などの分野でも地域連携が進みつつあったが、学長になってからそれを大学全体にひろげ、本格的に構築したいと考え、文科省の「地（知）の拠点整備事業（大学COC事業）」に応募し、幸い二〇一四年度に採択され、教員養成領域だけでなく、大学全体の教育研究活動の基軸とすることができた。それは当然従来から積み上げて来た小学校教員養成における地域との連携協力活動にとって追い風になり、強力な援軍となったのだった。

「偏差値輪切り体制」の克服

十文字大に特任教授で加わって、それまでに小学校教員養成の準備をしていた教員たちが、その人たちは学校現場から採用された教員たちだったが、「(新一年生が卒業する) 四年後に一人でも二人でも正式に教員として採用されるようになっていないと(理事長に) 申し訳ない」と発言するのを聞いて中堅私大の教員養成の現実を教えられる思いだった。

宮教大時代は教員採用というのは大切な課題ではあったが、基本的には学生個人の問題として考えられていた。私自身もゼミ生で採用試験に二度も三度も失敗するような学生で、それでも小学校教員になりたいと志望する学生にはそれなりに面倒をみることにしていたが、普通は学生に任せていた。しかし、十文字大ではそんなことでは済ませられない切実な課題だった。

本書ですでに書いたように教員免許の取得そのものは決して難しいレベルのものではなかったが、代わって採用試験が関門になっている。その点では十文字大の場合に他の専攻で、管理栄養士とか介護福祉士の国家試験が関門になっているのと同等の事態だった。中堅私大にとって学生の一般学力の確保・向上が切実な課題になるということだと思った。そこで学長代行に就いたとき、学生の学力向上に大学として取り組む機構として「リメディアル教育センター」を立ち上げた。教職の場合は教職課程センターも立ち上げたが、採用試験対策を下支えする役割としてこのセンターに期待したが、やがてそれは私の期待以上の役目を果たしてくれるようになった。

十文字大に入学して来る学生層は多くは第一志望の大学の受験に失敗して、仕方なく入学している。宮教大を離れてみて日本の教育の〝偏差値輪切り〟の現実を思い知らされるのだった。

学生をよく観察し、またリメディアル教育に熱意をもって当たってくれる教員と話し合って得た私なりの結論は、十文字大に入ってくる学生たちは中学校のどこかでつまずいて、そのまま高校受験で妥協して高校生活を送ると入試戦線からは落後してしまい、自身の気持ちとは別に十分な学習成果が上がらず大学受験に遭遇し、そういう結果になるということである。リメディアル教育では徹底して基礎に戻って学習することを組織したことで、教員採用の成績も向上する。

何よりも学生にとってこの成功体験は大きいのである。ある高校から「(私たちの学校から)小学校教員が初めて生まれました。感謝しています。」の声が寄せられたり、別の学生が「中学の同級生が近隣の国立大教育学部に進み、自分は志望叶わず十文字大だったのに教採で(同級生は落ちて)自分の方が合格した。ものすごくうれしい。」というのを聞くとこちらもうれしくなる。

私なりに〝偏差値輪切り〟体制を克服するささやかな試みだったが、中堅私大の教員養成の役割を見出した思いだった。

国立大学の教員養成や私立でも規模の大きい大学の教員養成では、教員免許の取得はあくまでも資格の一つとして扱われ、そのような教育体制が採られるのが通常になっていた。大学の教員の側でも、当然学生の側でも専門の学習と免許取得は切り離され、中心の課題は前者に置かれるのだった。

しかし、中堅規模の私立大学の教員養成を体験してみると、資格取得をむしろ中核において学生の学習を組織することが大切になることを教えられた。その点からすると私の教師教育論において「資格と資質」の矛盾は一貫するモチーフになるが、その点でも再考を迫られたと思う。「資格」の取得が学生たちの学習意欲を引き出し、「資質」の形成に向かう道筋が出来てくるのだと教えられた。

もちろんそれは教職課程が、徹底して実践的に構成されることが大前提になる。十文字大の小学校教員養成課程の教育体制はその成功例の一つになったと思っている。

第六章

「地域連携」が充実の鍵

地域と教育、そして教師教育

「地域と教育」という命題は、現在の教育課題はもちろん将来にわたっても重要である。特に義務教育段階の教育課題に接近する切り口としては必至なものになるはずである。

国家目標は抽象的には設定できても、現実の教育課題の解決や教育実践の進展を支えるものにはなり難い。教師教育、つまり教員の養成と現職教員の研修に関わっても当然そうなるはずである。特に義務教育段階の学校の教員の養成にとってはきわめて重要な課題となる。

戦前昭和期の日本の教育においては、建前としての国家目標と軍事教育への従属で教育課題が設定され、敗戦を機にそれが民主主義に置き換えられただけで基本的性格は変わらないまま推移してしまった。ようやく一九五〇年代後半から六〇年代に入ると、社会の現実的課題と切り結べる教育が求められるようになって、「地域と教育」という教育課題が重視されるようになる。そしてその流れは現在に及んでいる。

高等教育一般や学術研究では、国家目標や国際レベルが重要視される傾向が強くなることから、特別な専門領域を除けば「地域」が研究課題として認識されることは難しい。そのため形の上では高等教育段階に置かれている教員養成においても、当然のこととして「地域と教育」という課題は二の次とされてしまう。しかし近時、教員の養成において義務教育段階の教育課題と切り結ぶ風潮が重視されるようになって、教員養成と教員研修においても「地域と教育」の課題が重要なものと認識されるようになったと言えるだろう。

そしてここで言う「地域と教育」という課題には二つの側面があることに注意しておきたい。一つは教育実践において地域がもつ教育力を注視し、それを活用しようという、課題であり、もう一つは教育実践の目標において、地域の人材を育成することを通して地域を活性化し、社会の在り方を改革しようとする課題である。そして当然のことであるが、この二つの側面は相からまっている。

宮城教育大学での実践

東大教育学部及び同大学院において、義務教育段階の教育課題に即する研究課題の中で自己形成し、前号に書いたように「教師の教師になる」という自己課題を設定して赴任した宮城教育大学だったが、実際は予想したものとずいぶん違っていた。学術研究重視の東北大学にあった期間もそれなりになっていて、またそこから追い出される形で再出発した教員養成は大学・学部としての目標を見失い、個別教員はその出自をそれぞれに背負った形で教員養成に取り組むしかないという状況に陥っていた。たいていは担当する教科、たとえば国語教育科であれば国語・国文学、漢文学、書道などの専門をしっかり教えるという課題に取り組むことが至上命題になっていた。そしてそれが教員養成だと考えられていた。当然、「地域と教育」とか地域の生活課題と教育課題とを結びつけて教員の養成に当たるという意識はきわめて薄くなってしまっていた。

例外的に日教組の教育研究活動に加わって来た数少ない教員の間で、そういう意識が共有されていただけだった。代表的な存在が理科教育の高橋金三郎教授だった。私が所属した教職科は、個別の教科に関わらない教員によって構成されていたので、その中で教育社会学の教員などが地域研究に関わっていて県内のいくつかの地域に入って研究をしていたので、県内や東北地方の地域についていくつか情報を与えてもらうことができた。

私自身は関東地方に育ち、そこで学業を全うしてきていて、その中で東北の生活綴り方に関心をもって研究してきたといっても、それはあくまでも文献研究のレベルであって、東北地方どころか宮城県内、仙台市内の地理にも暗かった。「地域と教育」とか民衆の生活課題と結びついた教育研究とか、教員養成などでどうするかという課題などは自分で一歩から開拓していかなければならなかった。

一つは学生と親しくなり、出身の地やそこでの地域や学校事情を聞くことは新鮮であり、有益だった。さらにゼミで親しくなった学生が卒業して小学校の教員に採用されると、その赴任校を通して県内の地理や教育環境を知っていくようにした。これは貴重だった。

もう一つが宮城県教組の研究活動である「実践検討会」に加えてもらい、小学校や中学校に出かけて授業を見学し、事後の検討会に参加した。さらに日本作文の会の支部に当たる宮城作文の会の再建活動に加わり、県内の小学校の若手教員と知り合うようになり、学校とその地域の様子を見知っていくようになる。斎藤喜博との関係が濃厚になって、研究の主力を授業研究に移してからは、さらに独自に現場の学校や教員と親しくなり、宮城県内にとどまらない東北地方の学校に親しく出入りするようになった。

しかし、こういう立場での研究や教育活動に深入りすればするほど、地域の教育行政とは縁遠くなってしまう。それを補ってくれることになったのが、附属学校の教員との交流に注力したことだった。附属校には幼稚園、小学校、中学校、養護学校とあったが、特に小学校の教員とは深い付き合いになり、附属学校に限らず県内の小学校やそこの教員と知り合いになり、さらに親しくなった。附属学校に赴任してくる教員たちはそれぞれ意欲的で、力量のある教員たちだったが、さらに民間教育運動で活躍する教員たちとは一線を画する人々で私にとってはそれまで関わりの薄かった層の教員との付き合いが開けることになった。

附属小学校の副校長や教員たちはやがて宮城県の教育委員会の有力な幹部に育っていく人たちだったから、教委幹部と大学時代の同窓の関係がない私のような者にとっては、ずっと後で大学と教委の連携関係を築くうえでこの人間関係が私にとっては宝のようになるのだった。

宮教大在職三十二年目の二〇〇〇（平成一二）年八月に学長に就任することになったが、これを機に、私はこの大学の教員養成と教員研修の体制に一つの段階を構築し、できれば日本の教師教育における一つの典型を示しておきたいと構想し、その実現を念願とした。それは同時に「地域と教育」という課題への私なりの答案を書くことでもあった。

二〇〇二年三月、宮城県教育委員会、仙台市教育委員会と「連携協力に関する覚書」に調印し、翌年一一月に三機関連携で「新しい学校づくりフォーラム」を開催し、さらに翌年二月に同様の体制で「家庭、地域、学校で育む生きる力とは」のパネルディスカッションを開催して、連携の成果を世に問うことができた。それは学内においては教員と事務系職員と附属学校教員との共同作業によって成就させたという点で、この大学の歴史にその足跡を刻むものになったと思っている。[※1]

十文字学園女子大学での実践

二〇〇七（平成一九）年四月からは私立十文字学園女子大学（以下、十文字大）の特任教授・学事顧問に就任し、新しく設置された児童教育学科における小学校教員養成の課題に取り組むことになった。

宮教大を終えたとき、年齢は七十歳代に入るところで、歳をとるに従いかえって健康になって来たこともあって、もうしばらく仕事を続けたいと考えたが、宮教大時代のように学内の人間関係で悩まされるのはもう御免だし、楽しくできる仕事ならあと十年くらいはやっておきたいと願ったのだった。すでに書いたことを繰り返すことになるが、その段階では十文字大のことはまったく知らなかったが、誘ってくれた理事長の十文字一夫氏からは「新しく小学校教員養成に取り組むことにしたが、そのため小学校の現場で活躍してきた先生たちに来てもらうことにしたので、誰か大学でその仕事をしてきた人にも加わってもらい指導してほしい」と誘われ、それは一番自分に向いている仕事だと思った。聞けば大学は中規模で、埼玉県とは言っても東京近郊に立地していることなどを合わせると、これは自分に合っている仕事と思い、引き受けることにしたのだった。その段階では学長になることは想定外だった。

児童教育学科は、長年実績を上げてきた幼稚園・保育園教員の養成の一部として設定される形で始まったので、小学校教員養成として自立することが最初の課題だった。しかし、東京都と埼玉県で小・中学校の現場に長く勤務し、さらに指導主事など教育実践の指導業務で実績を上げてきた教員が集まってきていたので、それはそれほど困難な課題にはならなかった。問題は学生の方で、ややもすると小学校より幼・保の業務の方が楽だと思い、最終的にそちら側に逃げ込もうとする学生がどうしても一定の層を形成してしまうことになる。しかし、その傾向を是正し、小学校教育の独自性を建設していく課題を貫くことに注力した経験が、この新しい学科に集まった教員たちを団結させ、学校現場の課題と結びついた教員養成の実践を開拓する力になったのだった。

さらにこの幼・保からの自立の課題は、小学校の教員養成において特別支援教育領域を重視する課題へとつながったことは重要である。小学校教員養成が幼・保から自立する課題は他の私立大学の場合にもしばしば見聞したが、そういう場合に助言する立場に置かれることが多かった私にとってもよい経験になった。

もう一つ幸運だったことは、立地する新座市の教育長が古くからの知り合いだったことである。金子廣志氏は若手だった頃、教授学研究の会の埼玉県の有力な会員で、私と知り合っていたが、当時の勤務校は新座市とは別地域の学校だったので気づかなかった。赴任してすぐに金子氏の方から連絡があって交流が復活する。宮城県では地方教育行政とのつながりが安定的にできるまでには長い時間と労力とが必要だったが、十文字大ではまるで向こうから転がってきてくれるような状況だった。信心の薄い私だったが、神と仏に感謝したことだった。さらに新座市は周辺の三市（和光、朝霞、志木）と強い連携関係を持していたので、正式な締結は私が学長になってからになったが、十文字大は県南部の四市と正式な連携関係を結ぶことができた。

さらに十文字大は、新参の小学校教員養成以前に、幼稚園教員養成の学科、食物栄養学科、社会情報学科、心理学科など基本的に実践的、実務的教育や人材養成を主務としていたので、教職員はもとより学生も地域に出て活動することに最初から積極的で、そのことに喜びを抱いていたことから、この面に注力することは大学全体として取り組みやすいことだった。また、地域に奉仕することを厭わない学生気質は地域や地域の学校から好感をもって迎えられたことは、大学や学園の教育の方向を設定する上で好条件となるのだった。

時あたかも文科省の行政においても地域との連携を重視し、その方向性を強化する動向が打ち出され、「地（知）の拠点整備事業」（通称COC）が設定されることになり、それに応募し平成二六年度に「新座市をキャンパスに！＋（プラス）となる人づくり、街づくり」という題目を掲げて、獲得することに成功した。この首尾には前記した新座市教育長の援助が大きな効果を上げた。

この援助は資金面で地域連携活動を支えてくれることになったのは当然として、同様の教育・研究を志向する他大学、たとえば松本大学、宇都宮大学、前橋共栄大学などとの連携活動が進み、新しい学びが広がる契機となった。

また、全学を挙げての取り組みとなったことで公的な組織機構との連携にとどまらず、さまざまなボランティア団体の活動と結びつき、学生による自主的活動が拡大した。

地域と結びつき、地域の人々とともに地域貢献活動を進めることが、どれほど大学の教育研究活動を活性化するものであるかをあらためて認識させられた。特に小学校教員養成と教員研修にとっては、地域連携に支えられることがその進展を飛躍させ、大きな収穫に結び付くものであることを再認識させられるのだった。※2

私自身は二〇一七（平成二九）年三月で、八十歳を迎えたことで学長の職を他に譲るとともに公務から離れることにした。その後の十文字大は新しい体制で発展しているものと仄聞している。

注

1　横須賀薫『山に在りて――学長六年の記』本の森　二〇〇六年

2　十文字学園女子大学『学長室から』二〇一七年

終章

日本の教師の資質能力は低下、不変、上昇？

課題意識

執筆中ずっと取り上げなければと考えながら、結局触れることができないで来てしまったのが、日本の教師の資質能力の問題だった。課題として言えば、日本の教師の資質能力は低下しているのか、変わらないのか、上昇しているのか、という問いになる。

世事を見聞していると、教師の不祥事が続いて発生したりすることがある。そうするとどうしても資質の低下を思ってしまう。また、学校を訪問して若い教師に接すると「そんなことも知らないのか」と言いたくなるようなことも多く、つい「今どきの教師は…」と口に出そうになる。こちらが歳を重ねるとどうしても低下しているのではないかとの思いが強くなってしまう。

一方、現役教師の情報操作能力の進歩には目を見張るものがあり、時代が違うなと思わされることもある。資質能力は一面的なものではないことに注意したいと思う。

いずれにせよ、この課題は教育に関わる重要問題と思われるが、管見するところ、真正面から論じた論稿にはお目にかかっていない。児童生徒の学力の推移に関しては統計資料やたくさんの論文が書かれているが、教師の資質能力についてはそのようにはなっていない。

私自身、教育や教師や学校についてたくさんの文章を書いて来たが、それについてしっかり取り上げた記憶は薄い。問題があることに気がつかないというより、課題が大きすぎてどのように論じたらよいか迷うし、たどり着く結論を思うと怖くなって筆が鈍ることになる。

しかし、本書のまとめとしては取り上げざるを得ないと思う。

明治時代にまでさかのぼって論じるのは、それはそれで重要だろうが、ここでは扱う時代は戦後に限定してよいだろう。新免許制度、つまり現行の教員養成制度と教員採用や現職教育に関わる制度の成立以後としよう。それは、ほぼ本書が扱った時期と重なる。

また学校に関わる教員の職種には幼稚園、小学校、中学校、高等学校があり、特別支援教育の学校もある。しかし私が主に関わってきたのは小学校と中学校の教員養成と現職教育だったということと、日本の教員の課題は義務教育学校の教員を中心に論じることはそれほど見当はずれにはならないと思っているので、この資質能力論についてもそこに限定して論じてみることにしたい。

「デモ・シカ」は「先生」より「免許」が

「デモ・シカ先生」とか「デモ・シカ教師」という成句は多くの人が知っているし、同感にせよ、自嘲にせよ口にしたこともあるだろう。この句は日本の教師総体の社会的評価をよく示していると思われるので検討しておこう。

いつから言われるようになったのか判然としないが、昭和の四〇年代には間違いなく言われていて、ひょっとすると三〇年代からかもしれない。

『日本国語大辞典』（小学館）は「でもーしか」の項を立てて、こう解説している。

「でもーしか〔接頭〕（「…にでもなろう」「…にしかなれない」などの場合の助詞「でも」「しか」から）職業や身分などを表す語に付いて、はっきりした意志でなく、あやふやな気持ちでなったと軽んじていう意を表す。「でもしか先生」の類。＊誰かが触った（一九七二）〈宮原照夫〉「先生だってさ、たしか大望のある身で、デモシカ教師だと自称してらっしゃったはずだけど」

教師に限らずどんな職業でも「はっきりした意志でなく、あやふやな気持ちで」なるのは普通だろう。よほど昔の一子相伝の時代ならともかく昭和戦後の時代になればそうである。では、なぜ教師についで特にこれが言われるのか、「デモシカ医師」や「デモシカ弁護士」とは言わないのに。

学校の教師は親や親戚を除けば最初に接する「大人」であり、「権威」であるが、やがて成長すると逆転して軽侮の対象になる。それが成長というものであるし、教師に担わされた役割でもある。昔教わった「先生」は懐かしく、いささかの恩も感じるが、たいした存在でもないと考えるところで自分の成長を確認する。「昔の先生」はアンビバレントな存在である。しかし、それは教師自身からすれば一つの屈辱になる。

その自意識が、本当はもっと別の職業へ向かう意志も能力もあったのにこういうことになってしまった、と考えさせ、この句は自分を慰めるという役目も果たしてくれる。

こういう複雑な意識を背景にするとしても、この句は所詮教師という職業がなりやすいものと認知されていることに因がある、というところが大事なのだと、私は思っている。

しかし、学校教師は数量的にかなりの数になるが、社会的地位は他の職と比べて遜色ないどころか、それなりにきつい選抜を経て獲得されるポストとみられている。そこには地域差が大きく、東京都と沖縄県では大差があるが、総体としては社会的には有用で、尊敬の対象とされる職業である。さらに職に就いて後も生涯努力を強いられる種類の仕事である。自嘲から吐かれるのは別として、客観的にみてデモやシカと呼ばれるべきものではない。

だが、「はっきりした意志でなく、あやふやな気持ちで」なのは、教職そのものよりは、免許取得そのことなのではないか。現行の仕組みでは「デモ・シカ」は先生よりも免許について言われるのが適切なのではないかと、私は考える。

大学では教員免許を取得するための教職課程の授業を用意し、早ければ一年次から開講する場合もある。学生はまだ自分の卒業後の見通しやコースもはっきりしない内に教職課程の履修だけは「ともかく」始める。そして四年次の教育実習への参加ができればまず免許は取得できる。免許取得の学習は大変で努力を要すると言う人もいるが、実情は違う。ここ十年前くらいまでは大学教員の意識も教職課程を軽視し、免許を取りたい者にはあげましょうという雰囲気だったはずだ。今でも大学によって差があるが、特に大規模大学でたくさんの学生に免許取得資格を付与しているような大学では教員免許もさまざまな社会への資格の一つであり、単位をそろえればそれでよいという姿勢は変わっていない。そういうところでは教職課程は教師をつくる、教師を育てるという教育ではなく、免許資格「デモ」取っておきなさい、免許資格「クライ」は取っておきなさいという対応になってしまっている。

さらにこのことは世間ではきちんと認識されていないことだが、大学が付与するのは、実は免許そのものではなく、あくまで免許を取得できる「資格」に過ぎないのである。免許はそれを基に教育委員会に申請して正式に授与されるものである。

この申請は原則個人が申請するものであるが、通常「一括申請」と呼ばれるように大学がまとめて申請し、教育委員会側はそれに従い書類に不備がない限り「授与」している。つまりフリー・パスになっている。

課題において重要な問題は、免許取得希望の学生の教師への意志の強弱と資質能力の点検が、この「授与／取得」の過程においてはどこにもないということである。最近ようやく大学側が責任をもって点検する機会として「教職実践演習」が必修化されたが、必要な単位を取り揃えている学生の「教職への資質能力」を点検する場にはなっていない。仮にその場が生かされたとしても、「不適」と思われる学生の申請を止めるという勇気を大学側がもつことは永久にできないだろう。

免許取得と教職に就く差

教員免許資格を得て、教育委員会から教員免許を授与された者と実際に教職に就く者の間には大きな差がある。しかし、その実態がなかなか把握できないのは、これを示す統計にはっきりしたものがないことにも一因がある。それは免許取得の統計はほとんど「授与件数」で示され、「人数」で示される教員就職者との対比が困難になっている。

教員免許は「複免」という言葉が日常で使われているように、校種をまたいで取得されることが多い。例えば小学校と中学校、あるいは中学校と高校のように。極端な例では、幼、小、中、高の免許を取得する者さえいる。その弊害や防止策は大事な問題だが、形式的な措置では駄目で一つひとつの科目の履修が実質的なものになって行くしかないだろう。

それはともかく、職に就くのはあくまで個人であるから、「件数」で示されるものと併せて人数が示されることが重要で、そういう統計がぜひ必要になる。私は文科省教職員課（当時）の課員とよくこの問題について論じたが、私の必要論には賛同もあったが統計の改善はおいそれとはいかないようだった。そのとき、授与件数の半分が実員と考えてもらえば大丈夫です、とも教えられたが、見当では済ませられない問題ではないかと思っている。

手元にたまたま人数で示された統計資料が一つだけあるので次頁に紹介しよう。

これでみると昭和三〇年代には免許取得者と教員に採用された者の数に大きな差はない。四〇年代になるとその間の開きが大きくなり、現在に続いている。それは昭和三〇年代までは卒業の学校と免許とが連結していた旧免許制度の影響が続いていたからと考えてよいだろう。

免許取得者と教員採用者の数値に開きがあることをどう考えるか、大きくは二つの考え方がある。

①免許取得者はあくまで教員志望者で、その母数が多いほどよい。そこから各県市の採用試験でその年度に必要な数の教員を採用すればよい

②免許取得者は実際に教員になることを望んでいるもので、その資質能力を検定された者に限られるべきで、採用者数が不足する場合の調節等は別個に考えるべきだ

現在の、というより戦後の文部行政の「計画養成」の考え方は①の方針を採って一貫している。だから教員養成についての最重要事項は教員資格を持つ者が不足しないようにすることに置かれることになる。それは量への関心の偏向であり、資質能力のへの視点の欠如を生み出すことになる。

私が抜本的改革の必要を言い続けることの要点である。

資料一　免許状取得者数及び教員採用者数について※1

授与年度	免許状取得者実数（人）A	教員採用者数（人）B	B／A（%）
昭和39年度	49、464	32、936	66・6
昭和44年度	131、973	36、747※	27・8
昭和50年度	152、915	53、413	34・9
昭和56年度	168、433	56、591	33・6
昭和62年度	142、152	44、228	31・1
平成5年度	128、342	33、586	26・2
平成11年度	115、669	26、895	23・3
平成17年度	117、903	40、158	34・1
平成20年度	110、689	46、206	41・7

○「免許状取得者実数」は、各年度に課程認定大学を卒業したもので、教員免許状を取得した者の数である。（教職員課調べ）

○「教員採用者数」は、国・公・私立の幼稚園、小学校、中学校、高等学校、中等教育学校又は特別支援学校において、教諭、講師、養護教諭又は栄養教諭として、授与年度の翌年度に採用された者の数である。（※昭和四四年度については、国立の学校及び私立の小学校、中学校及び特別支援学校は含まない。）（学校教員統計調査）

「私の教育学」をつくってくれたもの

すでに何回か書いたように私は一九六八（昭和四三）年に新設間もない宮城教育大学に教職科目担当教員として採用された。教職科目の内でも担当したのは教育学で、講義名で言うと教育原理、道徳教育、教育内容・方法などという小学校、中学校の教員志望者には必修科目に該当する科目だった。それで在学生のおそらく七、八〇％は私の講義を履修していたのではないかと思う。県内の学校現場に行くと「授業をとりました」とか「A（優）をもらいました」などと挨拶する教員が多数いたものである。さらに教育学ピーク（専修）を中心に、四～五十人くらいの学生には特別講義や演習を開き、フェイス・トゥ・フェイスの関係を結び、その中の何人かとは卒業後、つまり教師となってからも授業研究を中心に勉強会を続けてきた。規模は小さくなったがそれは今でも続いている。

私は学生たちに教育学を講じたことになるが、その講義や演習の内容、つまり「私の教育学」をつくってくれたのは大きく分ければ二つある。一つは大学や大学院で学んで得た知識や見識に、さらにその後に自身で学んだもの、もう一つは小、中学校の現場に入り、授業研究などを共にした教師から学んだものである。この二つは私にとってどちらも大切であるが、特に後者こそが私の教育観や教師観を育ててくれたものと考えている。

私はこれら現場に生き、現場で活躍する教師たちの姿や言説をこれから教員になる学生たちに伝えて行くことが私の役割と信じて、教職課程担当教師としての四十数年を過ごしてきた。その後年は大学の管理部門を担当する時期も長くなったが、その場合もその姿勢は変わらないでその時々の業務に当たってきたつもりである。

東大教育学部に進学したのは一九五八年四月だったが、まず教えられたのは「実践記録」を読め、ということだった。戦後教育においては、たくさんの現場教師の教育実践記録が書かれ、出版されていたが、今思えば私がそれらを手に取るようになった時期はその後期に属し、最盛期が終わりかける頃になる。それだけにその十分な蓄積もあり、かつ一定程度の評価も固まりつつあり、その意味で、自分としての選択がわりと容易だったように思う。

実践記録に共通するのは、教育実践の事実記録であり、それを主導する教師の思いや感情を記すことであったが、その実践の場は多様であり、教師の立場や手法も区々に分かれ、さまざまだった。しかもジャンルとしては生活記録とも重なり、教育活動においては生活綴り方的な手法が採用されることが多かったので、扱う内容や記述の仕方はさらに多様だった。それだけに「実践記録を読め」とか「実践記録から学ぶ」と言うのも何を指すのか区々になり、多様になった。やがて教育学研究において教師の実践記録から学ぶという風潮が弱くなり、やがて消滅するのは思ったより早く訪れることになったのは、そういうことが原因だったろう。

私は実践記録から、教師の子どもへの見方、考え方を学ぶことと教師としての生き方を中心に学ぶことになった。具体的には生活綴り方の手法を核にする記録から、学級における授業の記録から学ぶようになる。その書き手で言えば国分一太郎から斎藤喜博へと対象が移ることになった。

師範学校の「残光」

実践記録と同時に、今になるとその教師その人との交流から学ぶものが大きかったと思っている。その最初は教育学部で属した大田尭ゼミで、当時「派遣生」と呼ばれていた教育現場にあって一年間学生として講義や演習に参加していた人たちに接したことである。私の四年生のときに接した一人が鈴木喜代春氏で、後年の自身の記録にはその機会に学んだ様子や内容が書かれている。※2 その後鈴木氏とは直接交流する機会は少なかったが、書かれたものからは学ぶことが多かったのは鈴木氏が、初めて交流した現場教師だったおかげだと思っている。

その後、国分一太郎と斎藤喜博と交流する機会があり、その人から学ぶものは大きく、私の教育学者としての生き方を決定したと言ってもよいだろう。さらにこの二人のそれぞれの輪から、たくさんの教師たちと交流することになるが、群馬県の武田常夫、岩手県の渡辺皓介とは一方ならぬ交流ができたことは決して忘れることのできない経験であり、ご恩を受けたと言ってよいと思っている。直接の交流は深くならなかったが、山形県の土田茂範もこの列に加わる。

また宮城県では鈴木貴、太宰規夫などからは他県から移って地域の教育現場に疎かった私に親切に手引きしてくれたことも忘れられない。そしてこれらの人びとが、みんな師範学校で学んだ人たちだったことの重要性を今さらに思うのだった。

国分、斎藤の世代については当然として、一九二九年生まれの武田、一九二五年の渡辺、一九二九年の土田も師範学校で学んで教職についている。最初に交流した鈴木氏も一九二五年生で師範学校卒である。宮城県の鈴木もその世代であるが、太宰の卒業は「東北大学宮城師範学校」である。つまり入学した師範学校が卒業するときには東北大学となっていたということで、こういう表記に驚いたものである。一九三〇年生まれが先後の線引きということになる。

もちろん新制大学で学び、教職に就いた人たちとの交流からもたくさんのことを学んだが、これら師範学校卒業生たちが、私には一番息が合い、安心して交流ができ、学ぶところが大きかったのはなぜなのだろうかと、今さらに考えさせられる。

一つの答えを鈴木喜代春の自分史の中に見出したと思う。鈴木氏は一九二五年青森県生まれ、青森師範学校の卒業である。こう書いている。

「どうしても「愛国少年」にしてもらえなかった私ですが、『よい先生』には、自分が努力すればきっとなれる！と考えたのです。『愛国少年』にしてもらえなかったという悲しみと悔しさが強ければ強いほど、『よい先生になってやるぞ』という想いは強くなるのでした。…これらの本は、私の理解をこえた、高度な内容を持った本でしたが、私はこれらの本に支えられ、『戦争で死ぬ』という恐怖からも救われてきたように思うのでした。『よい先生になる』のは、してもらうのではなく、自分でなるのです。[※3]」「よい先生になるのは、「してもらうのではなく、自分でなるのだ」という決心ができるかどうかが、その教師の一生を決するのである。また教師としての資質能力の所在を決定する。」

今、ここに名を上げた人々は鈴木喜代春氏を除いて鬼籍に入った。思えばこの人たちの教師としての生き方は、日本の教育の歴史において、師範学校の「残光」を輝かしたのだろう。

注

1　この統計は平成二四年四月一八日付中央教育審議会（答申）「教職生活の全体を通じた教員の資質能力の総合的な向上方策について」の附属資料に掲載されているもので、％数値は筆者が算出して付け加えた。
2　鈴木喜代春『子どもとともに私の教育実践史』教育新聞社　二〇〇九年　二七頁
3　同前一三～四頁

【初出一覧】

部／章	表　題	SYNAPSE 掲載号
序章	第十三回　教員養成の基本と実践性	vol.74 2020,5
Ⅰ部第一章	第一回　教員免許について	vol.59 2017,10・11
Ⅰ部第二章	第二回　開放制と閉鎖性の二項対立	vol.60 2017,12・2018,1
Ⅰ部第三章	第三回　運命としての宮教大	vol.61 2018,1・2
Ⅰ部第四章	第四回　小学校教員養成の「発見」	vol.62 2018,5
Ⅰ部第五章	第五回　統合の軸としての「教授学」	vol.63 2018,7
Ⅰ部第六章	第六回　「表現」の欠落を埋める	vol.64 2018,9
Ⅰ部第七章	第七回　小学校課程専任教員をつくる	vol.65 2018,11
Ⅰ部第八章	第十四回「教職入門」の役割と実際	vol.75 2020,7
Ⅰ部第九章	第十五回　教科教育学の自立と充実	vol.76 2020,10
Ⅰ部第十章	第十六回　教育実習と附属学校の改革	vol.77 2020,12
Ⅰ部第十一章	第十七回　ゼミの大切さと卒業後のケア	vol.78 2021,3
Ⅰ部第十二章	第十八回「教授学」に託したもの	vol.79 2021,6
Ⅱ部第一章	第八回　挫折・失意から広い視野へ	vol.66 2019,1
Ⅱ部第二章	第九回　教員養成部会に加わる	vol.67 2019,3
Ⅱ部第三章	第十一回　教員免許「国家試験制」提唱始末	vol.69 2019,7
Ⅱ部第四章	第十九回　教員養成専門大学の必要性と可能性	vol.80 2021,12
Ⅱ部第五章	第十回　私学の教員養成を経験する	vol.68 2019,5
Ⅱ部第六章	第二十回（最終回）「地域連携」が充実の鍵	vol.81 2022,3
終章	第十二回　日本の教師の資質能力は低下、不変、上昇？	vol.70 2019,9

あとがき

本書の内容は、ジダイ社刊『SYNAPSE（シナプス）』誌の五九号（二〇一七年一〇・一一月合併）から八一号（二〇二一年三月）にかけて、二十回にわたって連載した「教師教育五十年――私が歩んだ学と実践の道」に手を加えたものである。本来、同誌を主宰した佐々木隆好氏の手によってジダイ社から単行本として刊行される予定だったが、諸般の事情、殊に私自身の年齢を勘案すると時間の猶予が許されないことが主な理由で、早期の刊行が期せられる春風社にお願いすることになったものである。佐々木氏にはこの場を借りて感謝の意を記しておきたい。

本書において記しているように、私は最初に単科教育大に職を得て、定年が近づいた時期に六年間の学長職に選出され、合わせると三十八年勤務することになった。その後、私立十文字学園女子大学に設置者の十文字一夫氏に招かれ、特任教授と学長職を務め、合わせて十年勤務した。その期間を全部併せるとほぼ五十年になり、しかもずっと教員養成と現職教育、つまり教師教育に従事することになった。「教師教育五十年」と自称しても、それほど大袈裟と言われることはないと信じている。

教員養成と現職教育は、建前としては重要な仕事と認められつつ、現実には誰でもやれる仕事と扱われている。これに私は終始抗して来たつもりである。建前ではなく、実質において重要であり、豊かな教育実践が捧げられなければならない部署と私は信じて来た。

それを後世に伝えたくて一書としたものである。大方のご理解とご支持とを願いたいと思っている。

急ぎの刊行を引き受けてくれた春風社の三浦衛さんと永瀬千尋さんに感謝。

二〇二四年七月七日

著者記す

ラディカルな精神——跋文に代えて

三浦　衛

あなたがたは正義のために進んで種を蒔き
慈しみの実を刈り入れよ。
新しい土地を耕せ。
旧約聖書「ホセア書」第10章12節

歳を重ねて驚くのは、縁のふしぎです。横須賀薫先生とこれほどながく、ありがたくお付き合いさせていただくことになると、二十代の私は知る由もありませんでした。神奈川県横須賀市にある私立の高校に奉職していたころ、そこの教師向けの講師としてお招きしたことがご縁の始まりでした。横須賀先生は開口一番「横浜生まれの横須賀です」とおっしゃいました。

七年間勤めた高校を辞し、東京の学術出版社に勤務、そこでふたたび先生とのご縁を賜り、編集担当者として、『島小研究報告』（全七巻＋別巻、大空社、一九九五年）を上梓しました。その後、十年勤めた会社が経営的に立ちゆかなくなり、それを機に退社。仲間と春風社を起こし、二〇二四年九月をもって、二十五周年になります。

この間、先生の著書として、弊社から『教師養成教育の探究』（一九九〇年に評論社から刊行されたものの新版、二〇一〇年）、『斎藤喜博研究の現在』（共著、二〇一二年）、『教育実践の昭和』（二〇一六年）を上梓し、本書が四冊目になります。打ち合わせのためにお越しくださった際、跋文を依頼されました。うれしさ半分、とまどい半分というのが、正直な気持ちでした。しばらくあれこれ考えましたが、とにかく、組んだゲラを精読し、正直な感想を述べるしかないとの思いに至りました。この拙文タイトルの「ラディカル」は、根元的な、根底の。ちなみにラディッシュは大根。このごろ、社員に、ほかから弊社がどういう出版社かと訊かれたら、まず、『新井奥邃《おうすい》著作集』を出している出版社だと答えてほしいと告げていますが、そのこととも本書の精神が少なからず関係している、通底するものがあると感じます。

個人的にも親しくさせていただいている先生ですが、今回、ゲラを精読し、すでに知っていることもいくつかありましたが、それ以上に、新たな発見がありました。注目したのは三点。第一に、先生がそもそも教育の営みに向かおうとしたきっかけに、矢内原忠雄がいたこと。第二に、本文中、「ひよことたまご」と題された横須賀研究室の通信ノートに記された先生の文章が掲載されていますが、ここに先生の根本思想がすでに明確な形で表れていると思われること。第三に、「聖職」と「労働者」とみる教師観の克服としての「教職入門」が、「ひよことたまご」に発し、本書のキーパーソンである林竹二、斎藤喜博との親交、二人の学問と実践から学んだであろう経験に深く根ざし、裏づけられた悲願ともいうべき提言であると感じられること。

以上三点について、順に感想を述べたいと思います。

まず、矢内原忠雄ですが、矢内原は、戦後、南原繁を継いで東京大学の総長になった人で、南原と同じく、内村鑑三の無教会系のキリスト者です。横須賀少年は東大への入学時、矢内原が発したことばを聞き、当初の文学部志望をやめ、にわかに進路を教育学部にしたというのです。それについて先生は、「矢内原総長が式辞で地道な社会貢献を説き、さらに一言、みんなが行きたがらない農学部や教育学部にこそ進むべきであると語るのを聞き、みんなが行きたがらないならそこがよいと、その場で教育学部進学を決めてしまった。」（『教育実践の昭和』所収「わたしはなぜ教育の道を志したか」春風社、二〇一六年）と回顧しておられる。さらに「後年、矢内原忠雄全集でその式辞を読んでみたが、そこにそんな文言はなかった。総長のアドリブだったのか、私の幻聴だったのか……。」のオチが付いて。ともあれ、このとき、先生のこころ、その後の人生に種が蒔かれたと見るべきではないでしょうか。また、第二次世界大戦後、東京大学の総長が二代つづいてキリスト教系の人物であったということに、私は深い意味を感じます。

第二は「ひよことたまご」（本書二二一―二二八頁）。これは、横須賀研究室に所属する学生と、教師になった卒業生をつなぐ機関誌として発行されたものだということです。その第一号（一九七四年五月三一日）のなかで三十代終わり頃の先生は、つぎのように記しています。

『ひよことたまご』はまさに〝手づくり〟の大学院です。（……）プリント一枚、ハガキ一枚でかまいません。実践や研究の断片を通信して下さい。内容もこういうものでないといけないということはありません。ただ、ひとつの原則は教育の実学を尊重していきたいということだけです。どうあるべきか云々ではなく、どうやった、どうやるつもりか、こそ大切にしたいということだけは、はっきりさせておきましょう。

ここに、横須賀先生の根本の思想が明確に示されていると思います。それが、二〇二四年の現在に至るまで、一貫して揺るぎがありません。それは後ほど記します。

第三のことに移ります。

林竹二は、栃木県出身の教育者、教育学者です。私事で恐縮ですが、私は、林の『田中正造の生涯』（講談社現代新書、一九七六年）によって新井奥邃を知りました。林は私にとりまして、また春風社にとっても、恩人であります。宮城教育大学の学長であった林が、いかに横須賀先生を信頼し、同行者として力にしていたかを、本書の端々からうかがい知ることができます。林のことばで、いまも私の座右の銘にしているものがあります。「学んだことの証《あかし》は、ただ一つで、何かがかわることである。」また、林の著書に『田中正造――その生と戦いの「根本義」』（田畑書店、一九七七年）がありますが、本書にも、田中の戦いと通底するものがあると思わずにいられません。横須賀先生は、二〇〇〇年八月、宮城教育大学の学長に就任します。

本書のキーパーソンとして、林のほかに、もう一人、斎藤喜博がいます。斎藤は群馬県の師範学校を出た人ですが、私はそのことに注目したいと考えます。

師範学校については、その後の歴史との関連で、いろいろな考えがあるようですが、師範学校の草創期を考えるとき、高嶺秀夫を外すわけにはいきません。「師範学校の父」と呼ばれた人物です。

一九二一年（大正一〇）に培風館から『高嶺秀夫先生伝』が刊行されていますが、このなかに、高嶺が留学したアメリカで親交のあったヘルマン＝クルージーに関する記事があります。その後の日本における師範学校、師範教育を考えるうえで見逃すことのできない文章がつづられています。

> 先生（高嶺秀夫のこと――三浦）を寄寓せしめたるヘルマン＝クルージー氏は亦ペスタロッヂと深き関係ありき。初、一八〇〇年にペスタロッヂがスウィス國なるブルグドルフの小学校の助教たりしとき、児童に実物教授をなし、大に人望を得たり。然るに、該校の校長は却て之を厭ひ、其の職を免じたり。此の際、クルージー（ヘルマン＝クルージーの父）は知事より二十余人の貧児を託せられたりしが、図らずもペスタロッヂと相知り、両人の間に学校経営の企画成立し、共同して小学校を創設し、新主義の教育法を実際に施せり。然るに、其の子ヘルマン＝クルージーは、後にスウィス國より米國に来りて居をオスウェゴーに定め、一八六六年（我が慶応二年）以後、師範学校に於ける教育学の教授を担任せりき。クルージー氏、校長より依托せられて、先生を巳《ママ》レの家に寄寓せしめ、夫妻之を視ること猶子の如く、誘掖指導最も懇切を極めたり。校長シェルドンは米國のペスタロッヂと称せられし人にして、クルージーも亦ペスタロッヂの教育主義を奉じたれば、其の先生に及ぼせる感化想ふべきなり。
>
> （高嶺秀夫先生記念事業会［著作兼発行者］『高嶺秀夫先生伝』培風館、一九二一年、四二一―三頁）

「師範学校の父」高嶺秀夫は、ペスタロッチの精神を親しくアメリカで学んだことが分かります。

種が蒔かれ、やがてそれが日本の地にもたらされ、根が張り、根を伸ばす。ペスタロッチの「隠者の夕暮」「シュタンツ便り」を読むと、ペスタロッチが、キリスト教というよりも、聖書の教えをいかに愚直におこなった人であるかを思い知らされます。長田新が訳したハインリヒ・モルフの『ペスタロッチー伝』を読んでいちばん驚くのは、キリスト教の聖職者から、ペスタロッチの学校で聖書を教える時間を設けてはどうかと示唆されたとき、ペスタロッチは言下にそれを断っています。教育におけるペスタロッチの思いの深さを初めて知った気がしました。高嶺秀夫をとおして、ペスタロッチの実学と思想が日本の土壌に植えつけられたのだと思います。

本書のなかに、横須賀先生が衝撃を受けたこととして、高橋金三郎のことばが引用されています。「教育大学は旧師範学校の復活であるという意見に私は反対である。旧師範学校は旧帝国大学にくらべてそんなに悪い学校ではない。日本帝国のエリートを養成しなかっただけでもましではないか。」（本書三六頁）。ここに、歴史を深く学ぶことの意味と意義が籠められていると思います。根のある思想と実学だけが未来をつくりだしていくのではないでしょうか。

さて、横須賀先生は一九三七年生まれ、現在八七歳。先生の教え子（お二人とも六十代）の本を昨年、弊社から刊行しました。いずれも、先生のご助言にもとづいての出版でした。一冊は実践記録。一冊は歌集。二書とも跋文は横須賀先生が執筆しておられます。ここにも、「ひよことたまご」から発する先生のラディカルな精神と、実学を旨とする教育における「根本義」が顕れていると感銘を受けます。

最後に、会社の宣伝めいたことを記します。林竹二の『田中正造――その生と戦いの「根本義」』

に、林はこんなことを述べています。「新井奥邃という人は、あまり一般には名が知られておりませんけれども、幕末期における仙台藩の生んだ最大の人間と言ってよろしいように思います。特にキリスト教の信仰、その思想的な把握の深さにおいては、日本ではもちろん、世界でも比肩するものは稀であろうと思います」。林竹二がおこなったような授業をしたくて教師になった私にとって、このことばは決定的でした。

教師も出版社勤めも、さらに『新井奥邃著作集』を土台とする春風社の起業も、このことばが導きの光になったといって過言ではありません。

五十年後、もちろん私はこの世にいません。が、「義人」田中正造と並び「稀有のキリスト者」新井奥邃の名が歴史の教科書に掲載される幻を目標に、これからも、ながく読みつがれる本を出版していきたいと思います。

春風社代表

【著者】 横須賀 薫（よこすか・かおる）

一九三七年大阪で生まれ、物心ついて以後、横浜で育つ。

東京大学教育学部卒、同大学院博士課程単位取得退学。

一九六八年宮城教育大学の教育学担当講師、七〇年同助教授、八三年同教授を経て、二〇〇〇年八月、同大学学長に就任。〇六年七月任期満了で退職。

二〇〇七年四月から十文字学園女子大学特任教授・学事顧問、一一年四月学長に就任。一七年三月任期満了で退職。

主な著書
『子どもの可能性をひらくもの』（教育出版、一九八七年）
『授業研究用語辞典』（教育出版、一九九〇年）
『授業の深さをつくるもの』（教育出版、一九九四年）
『斎藤喜博　人と仕事』（国土社、一九九七年）
『教員養成　これまでこれから』（ジアース教育新社、二〇〇六年）
『図説　教育の歴史』（共著）（河出書房新社、二〇〇八年）
『新版　教師養成教育の探究』（春風社、二〇一〇年）
『斎藤喜博研究の現在』（編著）（春風社、二〇一二年）
『教育実践の昭和』（春風社、二〇一六年）

教師《きょうし》教育《きょういく》五十年《ごじゅうねん》――「ひよことたまご」の教育実践《きょういくじっせん》

二〇二四年九月一八日　初版発行

著者　横須賀 薫　よこすか かおる

発行者　三浦 衛
発行所　春風社　Shumpusha Publishing Co.,Ltd.
横浜市西区紅葉ヶ丘五三　横浜市教育会館三階
〈電話〉〇四五・二六一・三一六八　〈FAX〉〇四五・二六一・三一六九
〈振替〉〇〇二〇〇・一・三七五二四
http://www.shumpu.com　✉ info@shumpu.com

装丁　横須賀 拓
印刷・製本　モリモト印刷株式会社

乱丁・落丁本は送料小社負担でお取り替えいたします。

ISBN 978-4-86110-983-6 C0037 ¥3000E